Ulrich Neuenhausen

Gemeinsam gesegnet

Männer und Frauen im Dienst für Jesus Christus

edition
Forum Wiedenest
Christliche Impulse für Gemeinden. Weltweit.

JOTA GmbH
PUBLIKATIONEN

Bibliografische Information der Deutschen Nationalbibliothek
Die Deutsche Nationalbibliothek verzeichnet diese Publikation in der Deutschen Nationalbibliografie; detaillierte bibliografische Daten sind im Internet über http://dnb.ddb.de abrufbar

Neuenhausen, Ulrich
Gemeinsam gesegnet
Männer und Frauen im Dienst für Jesus Christus

1. Auflage 2018

Foto Umschlag: Fotolia.com/VadimGuzhva
Bibelzitate: Elberfelder Bibel

Gesamtherstellung:
concepcion SEIDEL OHG, Satz- & Digitaldruckzentrum, Hammerbrücke
08262 Muldenhammer

Best.-Nr.: 449.592
ISBN: 978-3-935707-92-3

www.jota-publikationen.de
www.wiedenest.de

Mein Dank gilt meinen Kollegen von der Biblisch-Theologischen Akademie und der Leitung von Forum Wiedenest, die mir mit Rat und Beiträgen zur Seite gestanden haben, allen, die etwas oder sogar etwas mehr zu diesem Buch beigetragen haben sowie einer großen Zahl von Frauen, die mir Feedback gegeben, mich beraten und mich auf wichtige Punkte aufmerksam gemacht haben. Ferner danke ich Cordula Lindörfer und Wolfgang Klippert für ihre Beiträge zu diesem Buch, Manuel Lüling und Andreas Baer für die Lektorierung, meinen Töchtern für viele gute Ideen und besonders meiner Frau, die mich sehr ermutigt hat, dieses Buch zu schreiben.

Gewidmet dem Andenken an

Frau Tony von Blücher,

Adlige, Evangelistin für Kinder, Gemeindegründerin,
Gründerin der Allianzbibelschule Berlin,
später Bibelschule Wiedenest, heute Forum Wiedenest.

Eine Frau mit Begabung, Initiative, einer großen Liebe für Jesus
und einem großen Herzen für Mission.

Inhalt

Vorwort

Gemeinsam gesegnet – damit beginnt die erste Seite der Bibel:

1 Mose 1 [27] *Und Gott schuf den Menschen nach seinem Bild, nach dem Bild Gottes schuf er ihn; als Mann und Frau schuf er sie.* [28] *Und Gott segnete sie ...*

Mann und Frau sind gemeinsam gesegnet, sind gemeinsam „Mensch". Was für ein wunderbarer Einstieg in das Buch der Bücher und Gottes Geschichte mit den Menschen. Es beginnt damit, dass Mann und Frau gemeinsam von Gott gesegnet und beauftragt werden. Nicht der Mann, mit der Frau als „Assistentin", nicht die Frau, weil der Mann es doch verbockt. Nur zusammen gilt die Verheißung.

Wie schwierig ist dieses Zusammensein von Mann und Frau heute geworden. Statt Segen und gemeinsamen Auftrag gibt es Spannungen und Streit um Deutungen von Bibelstellen, Konkurrenz und Machtkampf, Leiden und Ertragen und im schlimmsten Fall sogar zerrissene Beziehungen und gespaltene Gemeinden. Was ist von Seite 1 der Bibel bis heute passiert? Gibt es eine Chance, diesen wundervollen Anfang der Bibel noch mal in der Beziehung zwischen Männern und Frauen zu erleben? Lässt sich 1 Mose 1 in einer christlichen Gemeinde leben und erleben?

Ich bin überzeugt: Ja! So wahr Jesus Christus die Folgen der Sünde auf sich genommen hat, die Strafe für uns getragen hat, und so wahr sein Heiliger Geist in jedem Menschen lebt, der ihm glaubt und folgt, so wahr muss es möglich sein, Beziehungen nach Gottes guten Gedanken zu leben. Ich bin überzeugt: Gott will Männer und Frauen in gemeinsamer Verantwortung heute segnen. Deshalb ist es wichtig, dass Gemeinden einen Weg miteinander finden, den sie biblisch mit gutem Gewissen vertreten können und der Männer und Frauen in ihre Berufung und Aufgaben hineinführt. Mein Gebet ist, dass dieses Buch eine Hilfe dazu wird.

Soweit nicht anders vermerkt, sind alle Zitate in diesem Buch der Übersetzung der Elberfelder Bibel von 1993 entnommen.

Einführung in Thema und Fragestellung

„Man wird erst wissen, was die Frauen sind, wenn ihnen nicht mehr vorgeschrieben wird, was sie sein sollen." Rosa Mayreder (1858-1938)

Wie geht es Ihnen mit diesem Zitat? Bewirkt es spontan Zustimmung oder Ablehnung? Macht es Sie unsicher oder finden Sie es lächerlich? Überlegen Sie, ob es richtig oder falsch ist? Ärgert oder erfreut es Sie? Die Frauenrechtlerin Rosa Mayreder aus Wien stammte selber aus wohlhabenden Verhältnissen und genoss genau diese Freiheit, die sie für Frauen forderte. Ihr Kampf für Geschlechtergerechtigkeit fiel in eine Zeit, in der Frauen gelegentlich für dümmer als Männer gehalten und oft auch so behandelt wurden. Es war die Zeit der Industrialisierung, des Wandels von der Agrargesellschaft zur städtischen Industriegesellschaft. In dieser Zeit begannen die Auflösung der Großfamilie sowie die Trennung vom Arbeitsplatz des Vaters vom Zuhause seiner Familie. Frauen konnten nicht mehr arbeiten und waren auf das Haus beschränkt. Nicht zufällig kam daher Anfang des 20. Jahrhunderts auch die Rede von den drei „K" als den Lebensräumen der Frau auf: Kinder, Küche, Kirche.[1] Vor diesem Hintergrund kann ich das Zitat von Frau Mayreder sehr gut verstehen, nämlich im Sinne von „Gebt den Frauen eine Chance, zu zeigen, wer sie sind und was sie können".

Andererseits irritiert uns als Christen ihre Auffassung, dass ein Mensch erst wirklich ist, was er sein kann, wenn er keinerlei Vorschriften mehr bekommt. „Niemand ist eine Insel" (John Donne. 1572-1631). Menschen leben nun mal als soziale Wesen und nicht völlig frei und unabhängig. Deshalb gibt es für das Zusammenleben Normen, Vorschriften, Regeln oder wie immer man die komplizierten Abmachungen komplexer sozialer Strukturen und kultureller Konventionen nennen will. Je näher wir Menschen einander kom-

---

1 Sylvia Paletschek. *Kinder, Küche, Kirche.* https://freidok.uni-freiburg.de/fedora/objects/freidok:4725/datastreams/FILE1/content 18.07.2018

men, desto wesentlicher werden unausgesprochene und ungeschriebene Vereinbarungen über Verhalten, Rollenverständnisse und soziale Strukturen. Die größte Nähe herrscht traditionell und kulturell innerhalb der Familie. Sie ist deshalb typischerweise auch der am stärksten reglementierte soziale Raum.

Wo liegen meine Socken?

Praktisch gesprochen: Ob jemand seine schmutzigen Socken rumliegen lässt oder nicht, kann er nur so lange alleine entscheiden, wie er auch alleine lebt. Mit größerer sozialer Nähe, in Wohngemeinschaft oder Familie, werden auch die Regeln strenger: Socken gehören in den Wäschekorb und weder auf noch unter den Tisch, in den Flur sowieso nicht und auch nicht auf die Treppe. Je enger wir also mit Menschen zusammenleben, desto strenger werden auch die Ordnungen, in denen wir leben. Die Freiheit, sein Leben nach eigenem Geschmack und mit eigener Ordnung zu leben, ist nur möglich, wenn Menschen nicht mehr auf das Leben in der Gemeinschaft von Familie angewiesen sind.

Meine große Familie: Die Gemeinde von Jesus Christus

Die nächstgrößere Nähe neben der natürlichen Familie ist allgemein im Freundeskreis oder auch in der christlichen Gemeinde zu finden. Nicht zufällig spricht das Neue Testament von den Mitgliedern der Gemeinde als von „Brüdern“ und „Schwestern“. Das sind Begriffe aus der Familie. Die große soziale Nähe innerhalb dieser geistlichen Familie führt zwangsläufig zu bestimmten Vorstellungen von Rollen, Verhaltensmustern und Regeln, die das Miteinander erst möglich machen. Kein Wunder, dass Gemeinden intensiv über das Leben von Männern und Frauen innerhalb der Gemeinschaft nachdenken müssen.

Beispiele von Frauen in der Bibel

Schlagen wir die Bibel auf, werden die an sich schon relativ komplizierten Sachverhalte nicht gerade einfacher. Wir finden in der Bibel eine Menge unterschiedlich beschriebener Frauenbilder. Frauen werden als Eigentum des Mannes bezeichnet (2 Mose 20,17). Frauen teilen sich zu mehreren einen Mann (Erzväter in 1 Mose 29,31, Ehefrauen Davids und Salomos in 1 Chronik 14,3 und 1 Könige 11,3). Sklavinnen werden Leihmütter von Glaubensmännern (1 Mose 16). Wir finden Frauen als Ehefrauen, als Mütter (1 Mose 2,24; 3,16 u. v. a.), als Haupt- oder Nebenfrauen (1 Mose 29,31ff; 1 Könige 11,3 u. a.). Wir finden Prophetinnen (Hulda in 2 Könige 22,11ff; vier Töchter des Philippus in Apostelgeschichte 21,7-9), Richterinnen (Richter 4,4-5), Unternehmerinnen (Sprüche 31,10-31; Lydia in Apostelgeschichte 16,14), Arbeiterinnen (Ruth 2,2; u. a.)

Es gibt starke Ermutigungen für Frauen, wie in 1 Mose 1 und Richter 4, und starke Einschränkungen, wie in 1 Korinther 14 und 1 Timotheus 2. Befreiende Texte, wie in Galater 3,28, stehen neben begrenzenden Texten, wie in 1 Korinther 11,3 oder Epheser 5,22-24. Es wird über starke und vorbildliche Frauen, wie Debora (Richter 4), Abigajil (1 Samuel 25,23), die tüchtige Unternehmerin aus Sprüche 31, Maria (Lukas 1,38), Hanna im Tempel (Lukas 2,36-38), Lydia, Unternehmerin in Philippi und die erste Christin und damit Begründerin der ersten Gemeinde in Europa (Apostelgeschichte 16,14-15), oder Priscilla, die Lehrerin von Apollos (Apostelgeschichte 18,26), berichtet.

Es gibt offensichtlich auch in der Bibel keine simplen Schablonen für „Mann“ und „Frau“. Deshalb sind auch die Antworten auf die Frage nach dem Miteinander in Familie und Gemeinde nicht simpel und schablonenhaft. Vermutlich ist das auch der Grund, dass sich unterschiedliche Gemeinden und Gruppierungen nicht einig sind, nach welchen Regeln das Miteinander funktionieren kann und wie die Aussagen der Bibel auf die Gemeinde anzuwenden sind. Damit Gemeinden über diese Frage nicht auseinandergehen, will dieses Buch helfen, einen guten gemeinsamen Weg zu finden.

Wie kann dieses Buch Ihnen und Ihrer Gemeinde eine Hilfe sein?

Es gibt immer wieder Themen und Auslegungen der Bibel, bei denen sich Christen nicht einig sind. Das ist nicht sofort ein Problem, denn manche Frage werden wir wohl erst beantwortet bekommen, wenn wir Jesus Christus von Angesicht zu Angesicht sehen. Fragen aber, die so sehr Grundfragen unserer Existenz berühren, wie die nach dem angemessenen Verhalten von Männern und Frauen in der Gemeinde, führen zu Verdächtigungen, Vorwürfen, Spaltungen und zerreißen christliche Gemeinden. Dieses Buch möchte helfen, dass eine Gemeinde in ein gutes Gespräch über ihre eigene Praxis kommt und dabei die Bedürfnisse von Männern und Frauen versteht. Es möchte helfen, den Rahmen zu verstehen, den die Bibel steckt, um einerseits eigene Grenzen zu definieren und andererseits auch Freiheiten zu nutzen. Es möchte helfen, freundlich und respektvoll miteinander umzugehen, auch wenn der andere nicht meine Meinung vertritt. Und es möchte helfen, zu einer Lösung als Gemeinde zu finden, die den Bedürfnissen von Männern und Frauen gerecht wird. Dabei ist Voraussetzung, dass die Mitglieder einer Gemeinde die herbeigeführte Lösung mit gutem Gewissen auf Basis ihres Bibelverständnisses vertreten können. Letztlich aber geht es in allem und vor allem darum, dass Gott geehrt wird.

Folgende vier Bereiche behandelt dieses Buch:

Als Erstes wird die Situation beschrieben, wie sie sich heute christlichen Gemeinden darstellt. Wieso gibt es so viele und unterschiedliche Auffassungen?

In einem **zweiten Teil** geht es um die Frage, was denn nun tatsächlich der Unterschied zwischen Männern und Frauen ist und ob er eine Rolle für die Beziehung zwischen beiden in Familie und Gemeinde spielt.

Im **dritten Teil** wird der Rahmen abgesteckt, der durch die Aussagen der Bibel vorgegeben ist. Wie eng oder weit sind diese Aussagen zu verstehen, wie stark sind sie an Kultur gebunden, an welcher Stelle müssen sie absolut verstanden werden und wo relativ? Warum werden überhaupt diese Themen um Mann und Frau in der Bibel behandelt?

Im **vierten Teil** geht es um unsere Gemeindepraxis. Wie lassen sich biblische Aussagen leben? Was ist „erlaubt"? Wie können wir Männern und Frauen in der Gemeinde gerecht werden, Missbrauch vorbeugen und eine Atmosphäre schaffen, in der der Glanz des Evangeliums aufleuchtet? Wie kann eine Gemeinde, in der Menschen unterschiedliche Auffassungen zu diesem Thema haben, trotzdem einen guten Weg miteinander finden? Wie bleiben wir der Autorität der Bibel treu und schaffen gleichzeitig eine Gemeinde, die missionarisch aktiv ihr Umfeld erreicht?

Im letzten, abschließenden Teil findet sich ein kleiner, nicht vollständiger Überblick über die Möglichkeit, Rollen und Aufgaben von Mann und Frau in der Gemeinde aus der Bibel zu verstehen.

1. Auslegungsansätze zum Thema Frauen und Männer

Die Gliederung der Auslegungsansätze folgt hier einem einfachen Schema, das von vielen evangelikalen Theologen verwendet wird. Gut nachzulesen ist dies bei Wikipedia, „Women in Christianity" unter dem Abschnitt „Modern Views"[2]: Die beiden eher konservativen Positionen werden „patriarchalisch" und „komplementär" genannt, die eher progressiven „egalitär" und „feministisch".

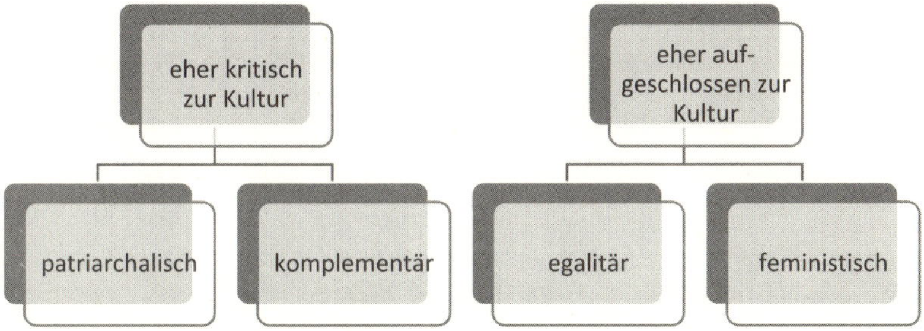

Die Begriffe „konservativ" und „progressiv" können stark wertend oder sogar abwertend verstanden werden. Die entsprechenden Theologen werden schnell in vorgefertigte Schubladen gepackt. Deshalb habe ich für konservativ hier „eher kritisch zur Kultur" und für progressiv „eher aufgeschlossen zur Kultur" gewählt. „Kultur" bezieht sich in diesem Fall nur auf den Bereich des Rollenverständnisses von Mann und Frau. Es kann durchaus sein, dass diese Kategorien nicht jede Position genau erfassen. Jemand ist vielleicht streng, was das Rollenverständnis von Mann und Frau betrifft, aber sehr aufgeschlossen, was Kultur und Gesellschaft insgesamt betrifft. Er duldet womöglich keinen Widerspruch von seiner Ehefrau – das würde in diesem Modell dann „patriarchalisch" genannt. Gleichzeitig nutzt er mit Begeisterung Smartphone und Laptop, fährt moderne und technisch hochwertig ausgestattete Autos oder schaut sich Action-Filme an.

2 https://en.wikipedia.org/wiki/Women_in_Christianity 22.07.2018

Was bedeutet also nun „aufgeschlossen" oder „kritisch" zur Kultur?

a) Mit „kritisch" meine ich Autoren, die Entwicklungen in der Gesellschaft sehr kritisch sehen und die Hinweise der Bibel als Vorschlag einer „Gegenkultur" verstehen, die in der christlichen Gemeinde durchgesetzt werden muss. Oft ist das Eingehen auf Kultur für solche Autoren ein Verrat an der Bibel und ein Weg, den Gott nicht segnen wird. Die Übersetzung der Bibel in die konkrete Zeit und Kultur heute wird als falsche Anpassung, als Kompromiss mit dem Zeitgeist und als bequemer Weg in der Gesellschaft gebrandmarkt. Natürlich ist das Spektrum dieser Autoren groß, und manche entsprechen eher diesem Bild, andere weniger.

b) Mit „aufgeschlossen" meine ich Autoren, die den Entwicklungen in der Gesellschaft gegenüber eher aufgeschlossen sind und die Hinweise der Bibel als missionarische Anpassung verstehen, die zu ihrer Zeit berechtigt war, heute aber neu definiert werden muss. Für sie ist das Ignorieren der Kultur ein Zeichen von Lieblosigkeit gegenüber Frauen einerseits und Menschen, die Jesus brauchen, andererseits. Auch hier ist das Spektrum groß, und mancher Vertreter der egalitären Position ist vielleicht noch so konservativ, dass er sich kaum von einem sehr fortschrittlichen Vertreter der komplementären Position unterscheiden lässt.

Die folgenden Übersichten sind in ihrer Komplexität verwirrend. Sie sollen einfach nur ein Gefühl dafür geben, wie viele unterschiedliche Positionen bei unserem Thema vertreten werden können. Es wird nicht um die Diskussion dieser Positionen im Einzelnen gehen. Bei einigen Ansätzen merkt man schnell, wie sehr die eigene Gemeindeprägung und Kultur auf die Interpretation der biblischen Ausführungen einwirkt. Keiner der Vertreter der folgenden Positionen bestreitet die Autorität der Bibel oder argumentiert direkt gegen die Bibel.

Die patriarchalische Auffassung:

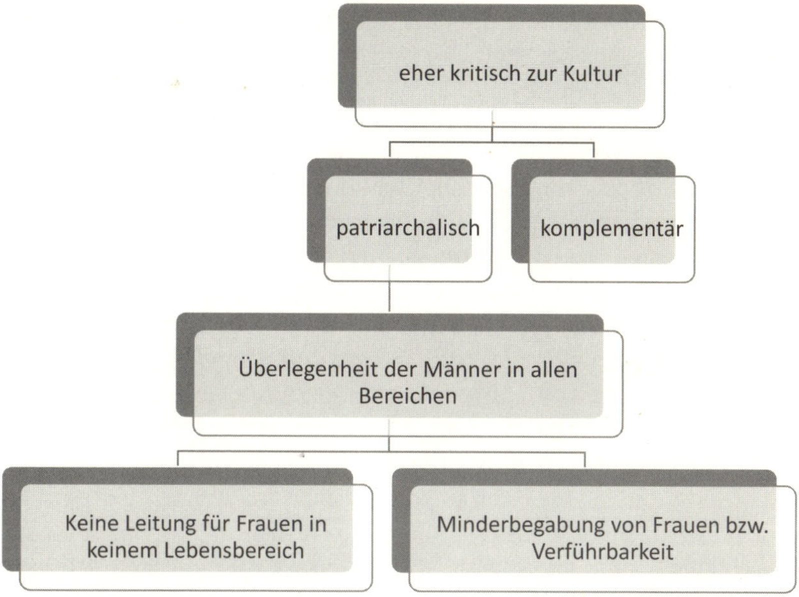

Diese Grafik zeigt die Varianten der Auslegung in der Rubrik „eher kritisch zur Kultur". Dabei steht „patriarchalisch" für die Auffassung, dass Männer Frauen nicht nur körperlich, sondern auch in Bereichen von Intellekt, Umgang mit Emotionen und Verantwortlichkeit in Leitungspositionen überlegen sind. Diese Position spricht Männern automatisch jede Lehr- und Leitungsverantwortung zu und entwertet die Frau hinsichtlich ihrer Begabungen. Es wird nicht gerne gesehen, wenn Frauen zu viel Ausbildung haben. Sie werden auf Hausfrau und Muttersein eingeschränkt und man erwartet von ihnen keine akademische Ausbildung und kein starkes berufliches Engagement. Die meisten Kulturen dieser Welt sind in diesem Sinne patriarchalisch aufgestellt. Wo Freiheit und Bildung in einer Kultur nicht als übergeordnetes Ideal gelten, empfinden Frauen die Einschränkungen eines solchen Rollenverständnisses lange nicht so schmerzhaft wie es Frauen der westlichen Kultur empfinden würden. Im Zuge der Migrationsbewegungen erleben wir immer wieder

Kulturen oder auch christliche Gemeinden, die dieses Verständnis mitbringen und gegen die hiesige Kultur verteidigen. Vereinzelt gibt es auch christliche Gemeinden unserer Kultur, die aus ihrem Bibelverständnis heraus der Meinung sind, das patriarchalische Verständnis verteidigen zu müssen.

In diesem Buch wird dieses Verständnis keine Rolle spielen, weil es weder biblisch, noch wissenschaftlich noch kulturell haltbar ist. Biblisch ist es schon dadurch widerlegt, dass die Bibel Frauen gerade nicht entwertet: Was die Leitungsfähigkeiten von Frauen betrifft, so legt die unumstrittene Leitung der Richterin Debora in Richter 4 nahe, dass man Frauen diese Begabung zur Leitung nicht absprechen kann. Was den Intellekt betrifft, so wird mit Abigail in 1 Samuel 25 eine Frau vorgestellt, die ihrem Ehemann an Intellekt deutlich überlegen ist und ihm sogar die Haut rettet. Aber auch im Buch Esther begegnet uns eine clevere und ihrem männlichen Widersacher Haman bei weitem überlegene Frau, sowohl intellektuell als auch strategisch, emotional und vor allem charakterlich. Rahab in Jericho ist sogar die einzige Person, die sowohl strategisch vorausdenkt als auch den Gott Israels fürchtet – und für ihr Haus die wichtige Entscheidung trifft, die ihnen am Ende das Leben rettet (Josua 3). Es müssen jetzt nicht alle Stellen besehen werden, die darlegen, dass Frauen genauso mutig, intelligent und barmherzig handeln können wie Männer. Die Infragestellung der patriarchalischen Sicht gilt auch umgekehrt: Wo in der Bibel wird die Intelligenz oder der Charakter von Frauen pauschal in Frage gestellt? Wo werden Frauen als Geschlecht in der Bibel entwertet? Welche Sünde begehen Frauen, die Männer nicht auch begehen? Welchen Irrtümern erliegen Frauen, denen Männer nicht auch erliegen? Welche Dummheiten tun Frauen, die Männer nicht auch tun? Es bedarf wohl keiner ernsthaften Diskussion, um biblisch-theologisch festzuhalten, dass eine Frau genau den gleichen Wert wie ein Mann hat, dass sie nicht mehr und nicht weniger Sünder ist als der Mann, dass sie nicht weniger und nicht mehr erfolgreich ist in der Nachfolge Jesu Christi als der Mann. Deshalb wird die abwertende Position des patriarchalischen Ansatzes in diesem Buch nicht diskutiert.

Die komplementäre Auffassung

Anders verhält es sich mit der komplementären Position. „Komplementär“ kann man am besten mit „ergänzend“ wiedergeben. Die grundsätzliche Auffassung dieser Position ist, dass Männer und Frauen völlig gleichwertig sind, aber nicht völlig gleichartig und deshalb zu unterschiedlichen Aufgaben bestimmt sind. Sie tun nicht dasselbe, ihr Tun hat jedoch den gleichen Wert vor Gott. Dass Frauen nicht zu allen Ämtern oder Aufgaben in der Gemeinde den grundsätzlich gleichen Zugang haben wie Männer, ist in ihrer von Gott angelegten, unterschiedlichen Beauftragung begründet. 1 Mose 2 zeigt dies schon in der Schöpfung von Mann und Frau: Adam wird zuerst geschaffen, dann folgt die Schöpfung Evas als „Hilfe“ für Adam. Im patriarchalischen Denken wird „Hilfe“ dann gerne als niedere Stellung, nicht weit entfernt von „Sklavin“, verstanden. Im komplementären Ansatz wird zu Recht darauf hingewiesen, dass dies eine Fehlinterpretation des Wortes „Hilfe“ darstellt.[3]

Ein Beispiel für einen typisch komplementären Ansatz findet sich im englischspachigen Raum beim bekannten Danvers Statement der Coalition for Biblical Man- and Womanhood von 1987[4].

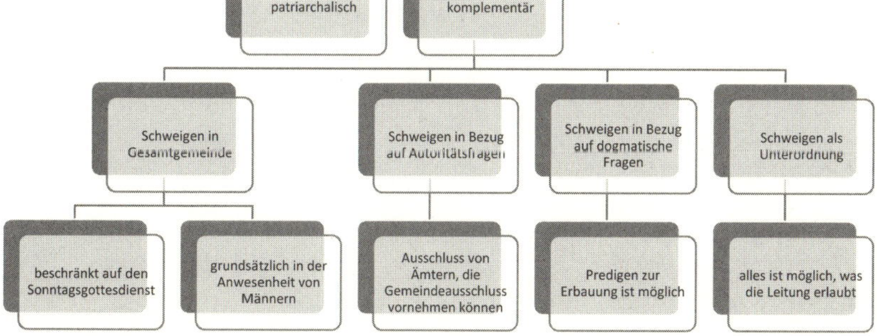

[3] Ausführlich wird diese Auslegung im Abschnitt zu 1 Mose 1-3 in diesem Buch erläutert.
[4] https://cbmw.org/uncategorized/the-danvers-statement-german/03.08.2018

Der Grund, dass die komplementäre Sicht in der Praxis nicht einheitlich vorgeht, liegt in den vielen Fragen, die von biblischen Texten einfach nicht beantwortet werden. Dazu ein paar Beispiele anhand des Schweigegebots in 1 Korinther 14,34-35:

a. Wann soll eine Frau schweigen? Im christlichen Kontext, außerhalb der Gemeinde, in Gegenwart von Männern, in christlichen Gottesdiensten, auf der Kanzel usw.? Moderne Fragen würden ergänzend lauten: Muss eine Frau auch im Hauskreis schweigen, in der Gebetsstunde, der Frauenstunde?

b. Wenn eine Frau in der Gegenwart von Männern schweigen soll, entstehen ebenfalls viele Fragen: Gilt das für fremde Männer oder auch die eigene Familie, für jede Zahl von Männern, für jedes Alter von Männern? Wann sind dann die Jungen in der Jungschar so weit, dass Frauen nicht mehr zu ihnen reden dürfen?

c. Ist das Schweigen nur auf das Fragen in Vers 35 bezogen? Betrifft es auch das Predigen? Betrifft es das prophetische Reden? Warum soll dann eine Frau in 1 Korinther 11,5 etwas auf dem Kopf haben, wenn sie prophetisch redet? Darf sie laut beten? Darf sie Lieder vorschlagen? Oder darf sie sogar predigen, dabei aber nicht lehren? Oder grundsätzlich keine Lehrentscheidungen treffen?

Es ließen sich noch eine Reihe von Fragen anschließen. Die Vielzahl dieser vom Text nicht beantworteten Fragen lässt erahnen, warum es zu so vielen unterschiedlichen Auslegungen gekommen ist. Die Darstellung oben ist sicher noch nicht vollständig, zeigt aber deutlich, dass selbst bei einer Einigung auf die komplementäre Position die Praxis noch lange nicht geklärt ist.

Zusammenfassung „Kritisch zur Kultur“

Der komplementäre Ansatz ist insgesamt reizvoll, weil er die biblischen Aussagen zum Thema als weithin noch gültig betrachtet und gleichzeitig weitgehende Freiräume für das Engagement von Frauen in der Gemeinde öffnen kann. Von patriarchalischer Seite aus besteht dagegen Misstrauen gegen diesen Ansatz, weil er in der Praxis fast keine Grenzen für den Dienst von Frauen setzt und so viele unterschiedliche Interpretationen für die Umsetzung in der Gemeinde zulässt, dass jegliche Eindeutigkeit verloren geht. Gerade für Menschen, die das als ungeordnet und unübersichtlich empfinden und der Überzeugung sind, dass Gott nur *eine* praktische Lösung will und zulässt, ist der patriarchalische Ansatz deutlich passender: Eine Frau darf grundsätzlich nicht lehren und leiten.

So angenehm der patriarchalische Ansatz in der Theorie auch scheint, so kompliziert wird er in der Praxis: Auch in patriarchalisch organisierten Gemeinden leiten Frauen – z. B. die Küche, das Kaffeeteam, die Sonntagsschule, den Besuchsdienst, den Putzdienst, manchmal auch die Redaktion vom Gemeindebrief oder das Team für die Schaukastengestaltung, nicht selten auch ihre Männer zu Hause, die dann in der Brüderstunde oder im Leitungskreis wissen, was sie zu sagen haben. So erzählt ein ehemaliger Mitarbeiter einer Gemeinde, dass an einem Tag die Brüderstunde eine Entscheidung traf und sie zwei Wochen später in der nächsten Brüderstunde wieder zurücknahm – dazwischen lagen die Gespräche mit den Ehefrauen der Brüder. Auch das Lehren der Frauen kommt selbst in den strengsten Gemeinden vor: Selbstverständlich sollen Frauen die Kinder über das Evangelium lehren, zu Hause, in der Jungschar, in der Sonntagsschule. Außerdem sollen sie andere Frauen lehren, wie übrigens auch die Bibel fordert (Titus 2,4-5). Schließlich sollen sie im evangelistischen Gespräch Menschen außerhalb der Gemeinde über die Wahrheiten des Evangeliums belehren. Ein wirklich kategorisches Lehr- und Leitungsverbot ist in christlichen Gemeinden wahrscheinlich nur sehr schwer zu finden. Es wäre dann nach außen hin, also in der Form, wohl kaum noch von der Praxis der Moschee oder islamisch geprägten Familien des dörflichen Orients zu unterscheiden.

Die egalitäre Auffassung

Der egalitäre Ansatz geht von einer völligen Gleichheit von Mann und Frau in Christus aus. Zentrale Belegstelle ist Galater 3,28: *„Hier gibt es keinen Unterschied mehr zwischen Juden und Griechen, zwischen Sklaven und freien Menschen, zwischen Mann und Frau. Denn durch eure Verbindung mit Jesus Christus seid ihr alle zusammen ein neuer Mensch geworden."*

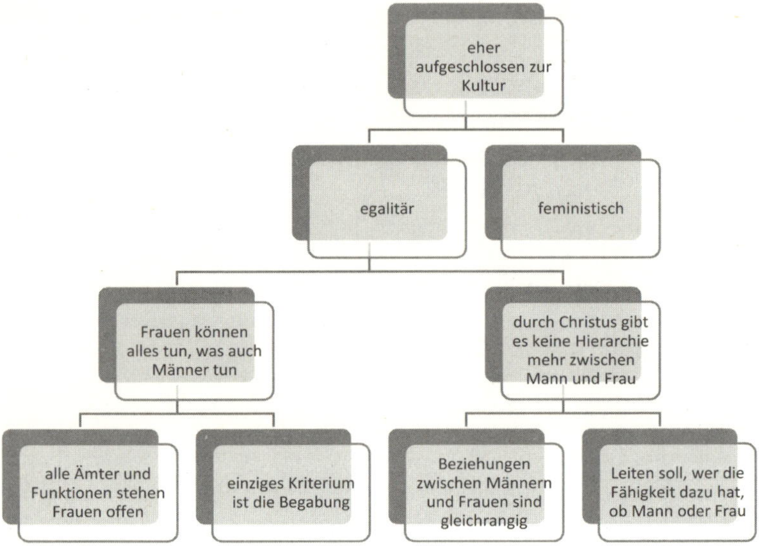

Ähnlich wie der patriarchalische Ansatz wirkt der egalitäre deutlich klarer und eindeutiger als der komplementäre. Die praktischen Fragen in der Gemeinde lassen sich besser von der Bibel her lösen, wenn man sie unter egalitärem Vorzeichen liest. Die Konsequenz ist, dass die Unterscheidung von Mann und Frau keine Bedeutung für die Besetzung von Aufgaben und Ämtern in der Gemeinde hat. Die Begabung des Einzelnen ist das einzig zulässige Kriterium.

Trotzdem ist diese Position nicht so einfach, wie sie aussieht. Zum einen ist es sehr kompliziert, 1 Timotheus 2,9-15 mit einem egalitären Ansatz zu vereinen. Ein „einfaches" Verständnis von 1 Timotheus 2 führt relativ sicher zu einer zumindest komplementären Position.

Zum anderen steht der egalitäre Ansatz unter dem Vorwurf, nur eine Anpassung an die herrschende Kultur des Westens zu sein. Ohne Kenntnis dieser Kultur käme man wahrscheinlich nicht auf den Gedanken, Galater 3,28 auf die Dienste der Frau in der christlichen Gemeinde zu beziehen.

Die feministische Auffassung

Der feministische Ansatz schließlich ist nach meiner Definition ähnlich indiskutabel wie der patriarchalische, weil er auf der anderen Seite vom Pferd fällt: Während der patriarchalische Ansatz die Frau abwertet, wird hier der Mann abgewertet. Beide Ansätze sind schon mit dem ersten Kapitel der Bibel widerlegt: „*Und Gott schuf den Menschen nach seinem Bild, nach dem Bild Gottes schuf er ihn; als Mann und Frau schuf er sie.*" (1 Mose 1,27) Mann und Frau sind zusammen Mensch und zusammen „Bild Gottes". Mehr Gleichheit und Wertschätzung für Mann *und* Frau geht gar nicht.

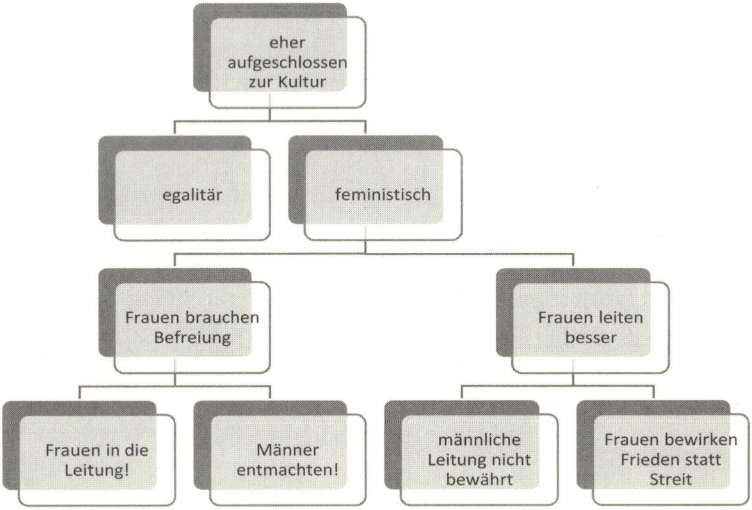

Der feministische Ansatz ist in mehrfacher Hinsicht fragwürdig und biblisch nicht haltbar. Er ist aber auch nicht mit der praktischen Erfahrung kompatibel. Ob Männer oder Frauen sich in Leitung bewähren, hat vor allem mit Charakter und Begabung zu tun.

Die Bibel und ihre „Übersetzung" in verschiedene Kulturen

Obwohl die Beschreibung der vier Ansätze und die praktischen Ableitungen schon eine Vielzahl kaum noch zu überblickender Lösungsvorschläge hervorgebracht hat, ist die tatsächliche Umsetzung sicher noch deutlich komplexer und vielfältiger, vor allem, wenn man über den Tellerrand der eigenen Kultur hinausschaut. Auf dem christlichen Buchmarkt findet man Literatur von kompetenten Theologen sowohl für die komplementäre als auch die egalitäre Auffassung.[5]

Umgekehrt sind aber die vielen unterschiedlichen Verständnisse ein Indiz dafür, dass die Frage nach den Rollen und Diensten von Männern und Frauen in christlichen Gemeinden von Kultur zu Kultur unterschiedlich beantwortet werden kann. So, wie die Bibel aus ihren Ursprachen in viele verschiedene Sprachen übersetzt wird, so wird auch ihre Bedeutung für Gemeinde in viele verschiedene kulturelle Situationen übersetzt. Und so, wie der Übersetzer darauf achtet, dass sich zwar die sprachliche Form ändert und in einer anderen Kultur verständlich wird, der Inhalt oder die Bedeutung aber bleibt, so gilt das auch für das „Übersetzen" von Texten in die Praxis von Gemeinden: Es geht um die Bedeutung oder den Inhalt, die sich aber von Kultur zu Kultur in ihren Formen unterscheiden können. Mit den unterschiedlichen Formen darf die eigentliche Bedeutung nicht untergehen. Im Gegenteil, eine Form unterstreicht die Bedeutung – sie hebt sie nicht auf. Auf der anderen Seite werden Formen in verschiedenen Kulturen ganz unterschiedlich verstanden. Sie sind wie eine unausgesprochene Sprache. Deshalb muss nicht nur die Sprache der Bibel in die Form einer anderen Sprache übersetzt werden. Auch die praktischen Anweisungen der Bibel müssen in die praktischen Formen einer anderen Kultur übertragen werden. Zwei einfache Beispiele illustrieren dies:

---

[5] Beispielhaft seien Hanna Schmalenbach 2007, „Frau sein zur Ehre Gottes" und Christian Haslebacher 2016, „Yes she can" für einen egalitären Ansatz genannt, Werner Neuer 1993, „Mann und Frau in christlicher Sicht" und Alfred Kuen 1997, „Die Frau in der Gemeinde" für einen komplementären.

1. Fünfmal fordert Paulus die Leser seiner Briefe auf, sich einander mit einem heiligen Kuss zu begrüßen.[6] Dennoch erfolgt die Umsetzung dieser Aufforderung unterschiedlich, je nach Kultur. In manchen Kulturen ist es „normal", dass Männer sich bei der Begrüßung küssen. In der deutschen Kultur ist es nicht „normal". Entsprechend wird der „heilige Kuss" höchstens als Umarmung, meistens als Händedruck in unsere Kultur „übersetzt".

2. In Johannes 13 wäscht Jesus seinen Jüngern die Füße und fordert sie dann auf, diesem Beispiel zu folgen.[7] Mir sind nur wenige Gemeinden und Christen bekannt, die das wörtlich befolgen, unter ihnen der Papst, der das einmal im Jahr zelebriert. Die Fußwaschung passt offensichtlich nicht gut in die deutsche Kultur. Also wird dieser Befehl Jesu symbolisch gedeutet.

Zusammengefasst stehen wir also vor folgenden Fragen:

a. Wie ist die Bibel in Bezug auf das Rollenverständnis und die Erwartungen an Männer und Frauen in ihrer Zeit zu verstehen?

b. Was bedeuten die veränderten kulturellen Voraussetzungen heute für das Verstehen der Bibel und die entsprechende Umsetzung in der Gemeinde?

c. Wie lässt sich im Miteinander von Männern und Frauen am deutlichsten die Botschaft des Evangeliums von Jesus Christus ausdrücken? Welche „Gemeindekultur" folgt sowohl der Autorität der Bibel als auch dem missionarischen Auftrag in die heutige Kultur hinein?

---

[6] Römer 16,16; 1 Korinther 16,20; 2 Korinther 13,12; 1 Thessalonicher 5,26; 1 Petrus 5,14. Außer bei Petrus immer „heiliger" Kuss.
[7] Johannes 13,12-17

2. Was heißt eigentlich „Mann“ und „Frau“?

Spätestens seit der Bewegung des *Gender Mainstreaming* ist die Antwort auf die Frage, was Mannsein und Frausein bedeutet, nicht mehr einfach. Nach Wikipedia[8] ist *Gender Mainstreaming* eine „Strategie zur Gleichstellung der Geschlechter“. Das klingt erst mal richtig und gut, denn keiner will, dass Frauen schlechter behandelt oder bezahlt werden als Männer.

Kritik an dieser Bewegung entsteht aber durch das Bemühen der treibenden Kräfte von Gender Mainstreaming, das Denken über Geschlechter komplett zu ändern. Ziel ist, die Idee von Mann und Frau aufzugeben, zugunsten einer unübersehbaren Vielfalt von allen möglichen „Wesen“, die irgendwo zwischen „Mann“ und „Frau“ liegen oder auch jenseits davon. Ein typisches Beispiel dafür sind die Möglichkeiten bei Facebook, seine eigene Identität zu benennen. Seit Februar 2014 können Facebook-Nutzer zwischen mehr als nur zwei sexuellen Identitäten – männlich und weiblich – wählen. Mittlerweile stehen 71 verschiedene Identitäten zur Verfügung. Dazu gehören Identitäten wie „Asexuell, Androgyn, Pangender, Trans-Mann (Weiblich zu Männlich), Hermaphrodit, Intersex Mann, Intersex Frau, Polygender, Zwei-Geist-Person“ etc.

Die Idee des **Gender-Mainstreaming** ist eine Kulturtheorie, die z. T. ideologische Züge annimmt und wissenschaftlich höchst umstritten ist. Sie besagt, dass Menschen nicht an ihr biologisches Geschlecht gebunden sind. Jeder kann es jederzeit neu konstruieren. Dieses Ziel und dieser Hauptpunkt sind gerade das Problem: Es gibt in der Gender-Ideologie zwar eine Identität, sie wird aber nicht vom Mann- oder Frausein bestimmt, sondern von der je eigenen und individuell auszuhandelnden sexuellen Orientierung! Diese bewusste Diffusion (Unklarheit) ist gewollt. „Was Gender Mainstreaming bedeutet, können oder wollen selbst die Leute

[8] https://de.wikipedia.org/wiki/Gender-Mainstreaming 22.07.2018

nicht vernünftig erklären, die es wissen müssten. Das hat wohl Methode. Denn die Gender-Theorie ist eine sozialrevolutionäre Ideologie, die darauf zielt, die Geschlechterrollen zu zerstören – weil sie diese Rollen für künstlich, also beliebig formbar hält. Und das ‚Mainstreaming'-Konzept ist eine politische Technik, die das durchsetzen soll."[9]

Die Naturwissenschaften – und hier besonders die Hirnforschung – haben die Hypothesen von Gender längst widerlegt.[10] Die renommierte Hirn-Forscherin Louann Brizendine weist in ihren – auch auf Deutsch erschienenen – Büchern beeindruckend nach, dass männliche und weibliche Identität von der Entstehung und der unterschiedlichen Struktur des jeweiligen Gehirns abhängig ist.[11]

Inzwischen gibt es einen großen öffentlichen Diskurs, in dem immer mehr kritische Anfragen an den ideologischen Charakter von Gender gestellt werden und eine Anzahl von Artikeln, die auf die unwissenschaftlichen Voraussetzungen aufmerksam machen.[12] Insbesondere wird vermehrt von Pädagogen und Elternverbänden auf die Auswirkungen von Gender auf Lehrpläne in Schulen und damit direkt auf das Einwirken von Kindern kritisch reagiert.[13]"

---

[9] Zastrow, Volker 2006. Politische Geschlechtsumwandlung. Waltrop: Manuscriptum.
[10] Vgl. Späth (Hrsg.)/Spreng/Seubert 2011.
[11] Brizendine, Louann 2007. *Das weibliche Gehirn. Warum Frauen anders sind als Männer*. Hamburg: Hoffmann und Campe. Diess. 2010. *Das männliche Gehirn. Warum Männer anders sind als Frauen*. Hamburg: Hoffmann und Campe.
[12] Vgl. den norwegischen Soziologen und Komiker Harald Eia, der die Ideologie der Gleichstellung in Interviews mit Gender-Forschern öffentlich machte und auf das Gender-Paradox hinwies, woraufhin die norwegische Regierung die jährliche Unterstützung für das *Nordic Gender Institut* von 56 Millionen € einstellte. http://agensev.de/agens-meint/aus-fur-gender-mit-updates/; 31.3.2014
[13] Vgl. Schmoll, Heike 2014. Das gute Recht der Eltern. In: *FAZ-Net* vom 11.11.14; Soldt, Rüdiger 2014. Angst vor Pornographisierung der Schule. In: *FAZ-Net* vom 11.11.14 u. a. m.

Schon auf der ersten Seite der Bibel wird die Schaffung des Menschen berichtet (1 Mose 1):

[26] Und Gott sprach: Lasset uns Menschen machen in unserem Bilde, nach unserem Gleichnis; und sie sollen herrschen über die Fische des Meeres und über das Gevögel des Himmels und über das Vieh und über die ganze Erde und über alles Gewürm, das sich auf der Erde regt!
[27] Und Gott schuf den Menschen in seinem Bilde, im Bilde Gottes schuf er ihn; als Mann und Frau schuf er sie.

Die Polarität von Mann und Frau ist eine Erfindung Gottes, und zwar von Anfang des Menschseins an. Der Mensch ist also nicht der Mann, und die Frau kam dazu. Auch Mann oder Frau für sich allein sind noch nicht Mensch, sondern beide zusammen. Sie werden gemeinsam gesegnet und gemeinsam beauftragt. Alternativen, wie Mann und Mann oder Frau und Frau oder die über 70 Möglichkeiten von geschlechtlicher Identität, die Facebook zur Auswahl gibt, sind im Schöpfungsbericht irrelevant. Der Mensch ist Mann und Frau. Was bedeutet das für das Verhältnis zwischen den beiden, gerade angesichts der vielen „Varianten" von Männern und Frauen, die es gibt?

Ich habe das in der Grafik unten versucht zu veranschaulichen. Die klassischen Zeichen für weiblich und männlich stellen den „typischen" Mann bzw. die „typische" Frau dar. Nun gibt es unbestritten und gut erklärbar Frauen, die vielleicht ein bisschen männlicher wirken als mancher erwarten würde, oder umgekehrt Männer, die weiblicher wirken als erwartet. Sind dann unsere Erwartungen falsch? Wer bestimmt denn, ab wann oder wie eine Frau eine Frau und ein Mann ein Mann ist? Manche Frau ist entschlossener, mutiger und vielleicht sogar draufgängerischer als mancher Mann. Mancher Mann ist sensibler und zurückhaltender als manche Frau. Kann man daraus schließen, dass es so etwas wie „Mann" und „Frau" gar nicht gibt? Folgende Grafik hilft zu verstehen, dass sich zu allen allgemeinen Annahmen über Männer und Frauen Beispiele und Gegenbeispiele finden lassen. Trotzdem gibt es aber so etwas wie allgemeine Merkmale von „Mann-" oder „Frausein":

Nach obigem Schema ist es gar nicht nötig, dass jemand genau weiß, was er unter „Mann“ und „Frau“ versteht. Gott weiß, was männlich und weiblich eigentlich bedeutet. Er hat es erfunden. Wir ahnen es nur, aber wir können es tatsächlich nur annäherungsweise verstehen und nicht absolut (von den rein körperlichen Merkmalen einmal abgesehen, und selbst das ist nicht immer so eindeutig). Aussagen wie: „Du bist doch kein richtiger Mann, wenn du nicht ...“ sind arrogant und diskriminierend – wer hat das Recht, zu bestimmen, was ein „richtiger Mann“ ist? Oder eine „richtige Frau“? Diese Bestimmungen sind abhängig von kulturellen oder auch familiären und persönlichen Vorstellungen. Kulturen und Prägungen unterscheiden sich jedoch voneinander, und so unterscheiden sich auch die Ideen davon, was männlich und was weiblich ist. In Indien habe ich erlebt, dass es völlig tabu ist, wenn ein Mann mit einer Frau Hand in Hand spazieren geht, auch wenn sie verheiratet sind. Dagegen ist es normal, dass Männer mit Männern Hand in Hand über die Straßen wandern. In unserer Kultur empfinden wir das als sehr „unmännlich“.

Dann gibt es im Erscheinungsbild von Männern und Frauen noch eine erhebliche Varianz durch den Anteil der Hormone Testosteron und Östrogen und viele andere Faktoren. So, wie dieser Anteil sich bei jedem Menschen mal in diese, mal in jene Richtung verschieben kann, so unterschiedlich sind dann auch die Männer- bzw. Frauentypen.

Bei Betrachtung des Schemas unten wird dann deutlich, dass mancher Mann etwas zu männlich wirkt und manche Frau etwas zu weiblich – weil sie nicht unserer Vorstellung von dem, was normal männlich und weiblich ist, entsprechen. Es sind aber auch weibliche Punkte in dem Schema zu entdecken, die offensichtlich männlicher sind als manche Männer. Und umgekehrt: Manche Männer sind weiblicher als manche Frau:

Wenn die beiden größer markierten Individuen zusammen arbeiten oder leben würden, wäre es schwierig, eine „typisch" männliche oder weibliche Rolle einzunehmen. Die Frau ist in diesem Fall männlicher als der Mann, der Mann weiblicher als die Frau. Das kann sich auf Emotionen beziehen, auf die Art, Beziehungen zu gestalten, auf Hobbys und Freizeitgestaltung, auf die Bereitschaft, sich durchzusetzen und vieles andere.

Das hebt das Prinzip von Mann und Frau nicht auf. Die beiden Pole, männlich und weiblich, bleiben. Es wird nur deutlich, dass die Verteilung um diese beiden Pole herum zu einem beträchtlichen „Durcheinander" führt. „Schubladen" für Männer und Frauen sind da nicht möglich. Diese Welt ist bunt und manchmal auch verwirrend. Trotzdem bleiben Gottes Ordnungen bestehen, aber nicht als strenge und enge Kategorien für Männer und Frauen, sondern als großartige Pole, zwischen denen sich über ein weites Feld männliche und weibliche Menschen verteilen.

Sehr fundiert und äußerst gründlich untersucht ist dies bei Professorin Doris Bischof-Köhler in ihrem Buch „Von Natur aus anders. Die Psychologie der Geschlechterunterschiede“ nachzulesen[14]. Fernab von irgendeiner christlichen oder allgemein religiösen Position argumentiert Bischof-Köhler streng biologisch unter Hinzuziehung etlicher wissenschaftlicher Studien für die Unterschiedlichkeit von Mann und Frau über rein körperliche Merkmale hinaus.

Warum zieht ein Mario Barth[15] mit trivialen Scherzen und sehr groben Kategorien über Männer und Frauen Zehntausende von Menschen in Fußballstadien, die für teures Geld seine Vorurteile und Witze über das andere Geschlecht hören wollen? Der Grund ist, dass wir die Polarität von Mann und Frau jeden Tag überdeutlich wahrnehmen, fasziniert und gleichzeitig verwirrt, angezogen und abgestoßen, interessiert und gelangweilt. Mann und Frau sind eben nur zusammen Mensch. Ihre Polarität ist von Gott gewollt und macht das Leben faszinierend und reich. Die Pole zu bestreiten hieße, Gottes Vielfalt, Fantasie und Ordnung zu bestreiten.

Fazit: Es gibt für „Mann“ und „Frau“ keine einfachen Schubladen, in die man sie einordnen kann. Sie sind herrlich unterschiedlich, nicht nur zwischen Mann und Frau, sondern auch zwischen Frau und Frau und Mann und Mann. Vorsicht also vor dem „typisch Mann“ oder „typisch Frau“. Andererseits aber gibt es sehr wohl Mann und Frau, und das nicht nur körperlich, sondern auch in Bezug auf Temperament, Denkweise, Menschenorientierung und Ähnlichem.

Wo liegt der Unterschied zwischen Männern und Frauen?

Die Schöpfung des Menschen als Mann und Frau bedeutet, dass es von Anfang an Menschen nur in zwei Ausführungen gab: männlich und weiblich. Die offensichtlichen körperlichen Unterschiede wer-

---

[14] Bischof-Köhler, Doris. *Von Natur aus anders. Die Psychologie der Geschlechterunterschiede.* Kohlhammer[4]: 2011

[15] https://de.wikipedia.org/wiki/Mario_Barth 22.07.2018

den wohl alle bejahen können, auch wenn es biologisch gesehen auch Zwischenformen wie z. B. Zwitter gibt, oder manche Männer in bestimmten Situationen auch mal ein Kind an ihrer Brust stillen können[16]. Was aber ist der Unterschied über die körperlichen Merkmale hinaus? Gibt es einen „Wesensunterschied" zwischen Mann und Frau? Gibt es unterschiedliche Bedürfnisse? Lassen sich von diesem Gedanken aus dann Unterschiede für das Leben als Christ und in einer christlichen Gemeinde ableiten?

Es gibt offensichtlich einen sinnvollen und leicht zu verstehenden Wesensunterschied, der in engem Zusammenhang mit den biologischen Merkmalen von Mann und Frau steht. Die Frau als Mutter ist in einer definitiv verletzlicheren Position als der Mann. Sie ist in Bezug auf Familie eher nach innen orientiert, auf die Bedürfnisse der Familie hin. Medizinisch ist es nachgewiesen, dass Frauen einen leichteren Schlaf als Männer haben, was allgemein so gedeutet wird, dass sie eher hören, wenn nachts ein Kind schreit. Frauen haben weniger Muskel- und mehr Fettgewebe als der Mann, weil ihre Aufgabe eher das Stillen von Kindern ist als der Kampf und die Verteidigung der Familie. Die Frau hat eine deutlich stärkere soziale Orientierung als der Mann.

Geschlechter und ihr Verhältnis zu Hierarchie

Vereinfachend lassen sich die Wesensunterschiede, die sich für Mann und Frau aus Epheser 5,21ff ergeben, mit zwei simplen Grafiken ausdrücken:

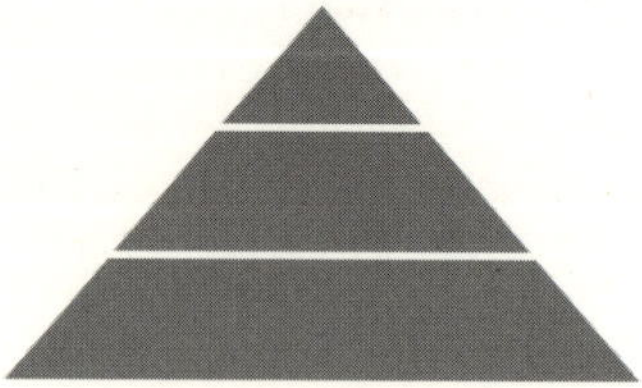

[16] https://de.wikipedia.org/wiki/Stillen 22.07.2018

Das Dreieck steht für „steile Hierarchien", die Schlangenlinie für „flache Hierarchien". Mit Hierarchie ist ein System gemeint, in dem Elemente einander unter- bzw. übergeordnet sind. Der Begriff war ursprünglich religiös und setzt sich aus den Worten „heilig" und „Herrschaft" zusammen. Heute wird er auch im weltlichen Sinne für jede Art von Ordnung gebraucht, in der es tiefere und höhere Positionen gibt, wie zum Beispiel das Organigramm einer Organisation oder auch die Systematik für Lebewesen in der Biologie.

Das Dreieck steht für die Art, wie Männer Beziehungen in Netzwerken oder sozialen Systemen verstehen, die Schlangenlinie für die Art, wie Frauen sie verstehen. Eine Studie von Forschern der London Business School, der WHU-Otto Beisheim School of Management in Düsseldorf und der University of London erklärt, dass Frauen in flachen Hierarchien eine bessere, „charismatischere" Ausstrahlung haben als Männer, in steilen Hierarchien umgekehrt. Die Studie empfiehlt, zur Förderung von Frauen in Führungspositionen flachere Strukturen zu schaffen.[17] Bischof-Köhler spricht von den Beobachtungen der Biologie, dass die Männchen einer Art oft eine höhere „Wettkampfmotivation" haben, mit dem Ziel, andere Männchen so zu beeindrucken, dass sie die Konkurrenz um begehrte Weibchen freiwillig aufgeben. Dazu gehören ritualisiertes Imponiergehabe und möglicherweise daraus entstehende Rangfolgen.[18] Das mag etwas abwertend und sehr auf Biologie reduziert klingen, hilft aber, männliche Verhaltensweise aus der Biologie heraus zu verstehen.

Was ist mit Rangfolgen oder flachen bzw. steilen Hierarchien gemeint? Grundsätzlich bedeutet eine Vorstellung von Beziehungen in steilen Hierarchien, dass es wichtig ist, wer über- und wer untergeordnet ist. Dazu ist demjenigen, der in solchen Vorstellungen lebt, der Status sehr wichtig. Männer stellen in ersten Gesprächen mit einem unbekannten Gegenüber gerne und relativ früh die Frage: Was machen Sie beruflich? Der Grund liegt unter anderem darin,

---

[17] https://www.haufe.de/unternehmensfuehrung/recht-personal/frauen-als-chef-haben-es-in-flachen-hierarchien-leichter_56_303514.html

[18] Bischof-Köhler, S. 117f

den Status abzuklären: Ist der andere mir unter- oder überlegen, hat er mehr oder weniger Bildung, Einkommen und damit Status als ich? Entsprechend lieben viele Männer auch Statussymbole, wie das Auto, die Uhr, das Smartphone, das Fahrrad usw. Es gilt, seinen eigenen Status zu präsentieren, vielleicht auch vorzutäuschen und ihn so herzustellen oder zu verbessern. Dafür ist es wichtig zu wissen, ob ein Gegenüber unter-, über- oder gleichgeordnet ist.[19]

Frauen fragen beim Kennenlernen anderer Frauen eher nicht in Richtung Status, sondern in Richtung Solidarität. Sie wollen wissen, ob diese Frau jemand ist, die sie unterstützen kann, die ihr helfen wird und in ihr Netzwerk passt. Sie erzählen sich ihre Situationen, Probleme, Schwächen und Herausforderungen. Je nachdem, wie die andere Frau reagiert, stellt sich von selbst heraus, inwieweit sie bereit ist, Hilfe und Unterstützung zu geben.

Das Statusgehabe von Männern ist Frauen eher fremd, während Männer weniger die ausdauernde Beziehungspflege durch intensive Kommunikation nachvollziehen können. Männer würden nicht so schnell von ihren Schwächen und ihrer Hilfsbedürftigkeit sprechen wie Frauen. Das lässt sie insgesamt vor allem für Frauen unpersönlicher und distanzierter erscheinen.

Wozu Wesensunterschiede?

Vor dem Hintergrund der biologischen Ausstattung von Mann und Frau machen diese Wesensunterschiede Sinn: Der Mann schützt die Familie, er steht vor ihr mit der Orientierung nach außen. Wenn die Familie bedroht ist, ist der Mann gefordert. Um gegen Bedrohungen bestehen zu können, braucht er Status, der den Gegner beeindruckt und dazu bringt, die Bedrohung aufzugeben. Bischof-Köhler nennt das „assertive Aggression“.[20] Das gilt natürlich auch für die „Brautwerbung“, wo es darauf ankommt, potentielle Mitbewerber einzu-

[19] Siehe dazu die Tipps für Frauen in Sitzungen mit Männern unter https://www.businessladys.de/allein-unter-maennern-erste-hilfe-fuer-die-kommunikation/ 22.07.18
[20] Bischof-Köhler, S. 117

schüchtern und zu verdrängen und gleichzeitig die Frau zu überzeugen, dass man selbst der ideale Partner sein wird.

Die Frau sorgt für das Kind: Schon wenn es im Bauch heranwächst, muss eine Frau auf sich aufpassen und mit sich selbst so umgehen, dass das Wohl des Embryos nicht gefährdet wird. Dazu gibt es in unserer Kultur eine Reihe von Gesetzen, die die werdende Mutter und ihr Kind schützen. Menschliche Kinder sind in einer Weise und Dauer abhängig von ihrer Mutter, die in der Biologie einzigartig ist. Die Überlebenschancen von Neugeborenen sind ohne Mutter gering. Aber selbst nach 10 oder 12 Jahren sind menschliche Kinder immer noch im hohen Maße schutzbedürftig. Die Pflege und den Schutz zu gewährleisten ist der Grund für die Orientierung der Frau nach helfenden Netzwerken – und nicht nach Strukturen, in denen man kämpferisch seinen Status behaupten muss. Frauen orientieren sich also eher nach innen, in Richtung der Personen in der Familie, die Hilfe und Fürsorge brauchen. So sehr das auch nach Klischee und Verallgemeinerung klingen mag, ist es dennoch bis heute so, dass bei einem sinkenden Schiff Frauen und Kinder zuerst in die Rettungsboote dürfen – und Männer notfalls ertrinken müssen. Frauen tragen das Leben weiter, sie werden deshalb geschützt. Bei aller Gleichberechtigung würde meine Frau erstaunt sein, wenn wir bei einem Spaziergang von einem Mann mit einem Messer bedroht würden und ich ihr vorschlagen würde, dass sie sich dieses Mal vor mich stellt, im Sinne der Gleichberechtigung eben. Nein, es bleibt wohl für alle Zeiten so, dass im Zweifelsfall der Mann sein Leben für die Frau opfert und nicht umgekehrt. Die Frau wiederum ist bereit, ihr Leben für ihr Kind zu opfern und tut das im Grunde mit jeder Geburt, die ja immer auch ihre Gesundheit und manchmal auch ihr Leben bedroht.

Welche Bedeutung hat das beim Lesen der Bibel?

Beim Lesen der Bibel stoßen wir auf Passagen, die sich mit dem Rollenverständnis von Mann und Frau auseinandersetzen, wie 1 Korinther 14,34-35, Galater 3,28, Epheser 5,21-31, 1 Timotheus 2,9-15, Titus 2,1-6, 1 Petrus 3,1-7. Welche Vorstellungen bewegten die Autoren? Waren es kulturell geprägte Ideen über Männer und Frauen oder theologisch-geistliche Einsichten oder eine Mischung aus beiden? Natürlich bewirkte der Heilige Geist, dass und was sie darüber geschrieben haben. War es aber damit allgemeingültig für alle Kulturen und Zeiten dieser Welt, oder sprach der Heilige Geist durch diese Autoren in eine bestimmte Situation und Kultur?

Die Hinweise auf die Biologie und Psyche des Menschen lassen ahnen, dass nicht alle diese Texte pauschal als „kulturell" und „situationsbezogen" abgetan werden können. Offensichtlich gibt es biologisch-psychologische Merkmale des Menschen, die zu allen Zeiten und in allen Kulturen gleich sind. Das erklärt dann auch, warum es biblische Rahmenbedingungen gibt, die es auch heute zu beachten gilt. Gleichzeitig sind die oben genannten Texte aber natürlich auch auf bestimmte Situationen und Vorstellungen von Mann und Frau bezogen, die heute nicht mehr so vorliegen. Im dritten Teil, wo es um die Auslegung dieser Texte gehen wird, wird dies eine der wesentlichen Fragen sein: Was ist der Inhalt des Textes, der über seine Zeit hinaus bewahrt und gelebt werden muss?

Fazit: Es gibt zwei Faktoren, die Ausleger der Bibel bei ihrer Interpretation beeinflussen:

1. Der erste Faktor ist die Entscheidung, ob psychische Unterschiede zwischen Mann und Frau wesensmäßig von Gott angelegt und so in allen Zeiten und Kulturen gültig sind. Dann wäre klar, dass die Texte der Bibel auf einen Sachverhalt Bezug nehmen, der schon in der Schöpfung des Menschen begründet ist und damit auch in den ersten Kapiteln der Bibel erkennbar sein könnte.

2. Der zweite Faktor ist die Entscheidung, ob die Aussagen der Bibel nur in Bezug auf die Bedeutung oder Inhalte heute noch gültig sind oder ob auch die angesprochenen Formen beibehalten werden müssen.

Das führt zu drei möglichen Wegen der Auslegung:

1. **Komplementär:** Es gibt wesensmäßige Unterschiede zwischen Männern und Frauen. Diese führen zu einer bestimmten Zuordnung, die von Gott so gewollt ist. In welcher Form diese Zuordnung gelebt wird, ist abhängig von der Kultur, in der man lebt.

2. **Egalitär/Feministisch:** Es gibt keine wesensmäßigen Unterschiede zwischen Männern und Frauen. Entsprechende Ableitungen aus Texten der Bibel, die das behaupten, geben lediglich eine bestimmte Auffassung der Kultur wieder, die sich heute aufgrund moderner Erkenntnisse erübrigt hat. Deshalb sind diese Texte in Bezug auf Anweisungen zur Form und teilweise auch zum Inhalt nicht durchgehend verbindlich auszulegen.

3. **Patriarchalisch/Komplementär:** Es gibt wesensmäßige Unterschiede zwischen Männern und Frauen. Diese verlangen nach Unterordnung der Frau und Konzentration auf Kinder und Haushalt. Die in der Bibel angesprochenen Formen müssen gewahrt bleiben.

3. Der Rahmen, den die Bibel steckt

3.1 Mann und Frau in Schöpfung und Sündenfall[21]: 1 Mose 1-3

1 Mose 1, 26 *Und Gott sprach: Lasst uns Menschen machen in unserm Bild, uns ähnlich! Sie sollen herrschen über die Fische des Meeres und über die Vögel des Himmels und über das Vieh und über die ganze Erde und über alle kriechenden Tiere, die auf der Erde kriechen!* 27 *Und Gott schuf den Menschen nach seinem Bild, nach dem Bild Gottes schuf er ihn; als Mann und Frau schuf er sie.* 28 *Und Gott segnete sie, und Gott sprach zu ihnen: Seid fruchtbar und vermehrt euch, und füllt die Erde, und macht sie euch untertan; und herrscht über die Fische des Meeres und über die Vögel des Himmels und über alle Tiere, die sich auf der Erde regen!*

Nachdem Gott die Erde, das Licht, die Pflanzen und alles andere geschaffen hat, schafft er den Menschen. Deutlich aufwändiger als vorher wird dieser Schöpfungsvorgang berichtet. Der Mensch ist nicht einfach ein weiteres Tier. Er soll der von Gott eingesetzte Herrscher über die Tiere sein. Er ist Gott ähnlich und nach seinem Bild geschaffen. Darin liegt die Autorisierung zur Herrschaft. Das Bild, von dem hier die Rede ist, war in der Vorstellung der Menschen des Alten Vorderen Orients das Standbild eines Herrschers, der damit seine Herrschaft symbolisch ausdrückte. Gott drückt seine Herrschaft über die Erde durch den Menschen aus. Deshalb die deutliche Ansage an den Menschen, sich die Erde untertan zu machen. Das ist nicht zu verwechseln mit der Art und Weise, wie der Mensch heute die Erde ausbeutet und knechtet. Der Anspruch der Menschen heute ist ja nicht, im Auftrag Gottes die Luft zu verpesten und die Meere zu verseuchen. Vielmehr versteht sich der Mensch heute selbst als Gott und ignoriert die Gebote Gottes. So entgleist seine Herrschaft über die Erde und wird zur brutalen und selbstzerstörerischen Tyrannei.

---

[21] Viele der Anregungen zu den folgenden Gedanken verdanke ich Dr. Gunnar Begerau, Lehrer an der Biblisch-Theologischen Akademie von Forum Wiedenest.

Die Schöpfung des Menschen ist etwas Besonderes, und die Überraschung dabei ist: Der Mensch ist nicht *eine* Person, sondern zwei, nämlich Mann und Frau. Beide werden als Herrscher über die Erde eingesetzt, beide sind das Bild Gottes und vertreten Gottes Anspruch auf der Erde. Beide heißen zusammen „Mensch". Der Mann ohne die Frau und auch die Frau ohne den Mann sind im Sinne von 1 Mose 1 noch nicht Mensch. Sie sind es nur gemeinsam.

1 Mose 2 erläutert nun genauer die Beziehung zwischen Menschen und Erde und zwischen Mann und Frau, denn die hat Auswirkungen darauf, wie die beiden über die Erde herrschen werden.

[20] Und der Mensch gab Namen allem Vieh und den Vögeln des Himmels und allen Tieren des Feldes. Aber für Adam fand er keine Hilfe, ihm entsprechend. [21] Da ließ Gott, der HERR, einen tiefen Schlaf auf den Menschen fallen, so dass er einschlief. Und er nahm eine von seinen Rippen und verschloss ihre Stelle mit Fleisch; [22] und Gott, der HERR, baute die Rippe, die er von dem Menschen genommen hatte, zu einer Frau, und er brachte sie zum Menschen. [23] Da sagte der Mensch: Diese endlich ist Gebein von meinem Gebein und Fleisch von meinem Fleisch; diese soll Männin heißen, denn vom Mann ist sie genommen.

Drei Gedanken zu unserem Thema werden hier deutlich:

1. Nach der Feststellung in 1 Mose 1,27, dass Mann und Frau nur gemeinsam Mensch sind, kommt jetzt eine Differenzierung. Sie sind gemeinsam Mensch, aber sie sind nicht identisch. Es geht nicht einfach nur darum, zwei Personen zu addieren und dann werden sie Mensch sein. Sie sind gerade deshalb nur gemeinsam Mensch, weil sie unterschiedlich sind und einander brauchen.

2. Der Mensch, nur männlich, ist „nicht gut". Bisher war alles in 1 Mose 1, was Gott erschaffen hatte, als „gut" bezeichnet worden. In 1 Mose 2 wird klar, dass der Auftrag im Garten und für die ganze Erde nur dann „gut" ist, wenn das Zueinander von Mann und Frau in der richtigen Weise gut ist.

Nur dann kann die Herrschaft des Menschen über die Erde „gut" funktionieren.

3. Die Beziehung zwischen Mann und Frau ist die stärkste, engste und vertrauteste Beziehung der Menschheit. Gott lässt „probeweise" alle Tiere an Adam vorbeigehen, aber es ist zwecklos. Kein Tier kann Adam auf Augenhöhe begegnen, Entsprechung sein. Sein Gegenüber findet er erst in dem Geschöpf, das aus ihm selbst hervorgegangen ist. Das wird durch die hebräischen Bezeichnungen von „Mann" und „Frau" wiedergegeben. Die Frau (*ischah*) ist vom Mann (*isch*) genommen. Die Frau ist also gerade nicht wie der Mensch (*adam*) vom Erdboden (*adamah*) genommen, um dann dem Mann zugeordnet zu werden. Vielmehr ist die Frau aus dem Mann heraus geworden. Der Mann ist das Material, aus dem die Frau modelliert wird. Sie ist „Fleisch" von seinem „Fleisch".

Hilfe!?

Ich will ihm eine Hilfe machen, die ihm entspricht. (2 Mose 2,18b)

Für das deutsche Wort „Hilfe" steht im Hebräischen *ezer*. Dieses Wort kommt 21 Mal im Alten Testament vor. Gott ist Hilfe für Israel[22], der Psalmbeter erwartet die Hilfe Gottes[23], Personen oder Völker können eine Hilfe sein[24] oder jemand bekommt Hilfe, weil er stürzt[25]. Der Hilfsbedürftige erhofft sich Hilfe von einer Gruppe oder Person, die stärker bzw. kompetenter für die jeweilige Situation ist. Das ist meistens Gott selbst. Das bedeutet für 1 Mose 2,18.20, dass Adam hilfsbedürftig ist und die Frau braucht[26].

---

[22] 2 Mose 18,4; 5 Mose 33,7.26.29; Hosea 13,9 u. ö.

[23] Psalm 20,3; 33,20; 70,6; 115,9-11; 121,1f; 124,8; 146,5

[24] Jesaja 30,5; Hesekiel 12,14

[25] Daniel 11,34

[26] Hinweis von Gunnar Begerau

Bei Luther (1984) wird statt „Hilfe" von „Gehilfin" gesprochen. Das ist insofern keine günstige Übersetzung, weil schon das Wort „Hilfe" selbst in der deutschen Sprache einen niedrigeren Rang oder Status andeutet: Ein Gehilfe ist jemand, der einem Höherstehenden zuarbeitet, ein Hilfsarbeiter ist ungelernt, eine Hilfskraft ist untergeordnet und wahrscheinlich schlecht bezahlt, eine Aushilfe macht nur vorübergehend und provisorisch die Arbeit, die später ein Fachmann oder eine Fachfrau richtig machen, usw. Wo im Deutschen „Hilfe" vorkommt, bedeutet das meistens, dass jemand weniger kann und zu sagen hat. Genau das aber lässt 1 Mose 2,20 nicht zu, denn meist kommt die Hilfe, also *ezer*, im Alten Testament von jemandem, der mehr kann und zu sagen hat als die Person, die die Hilfe empfängt. Es lässt sich also gerade nicht aus diesem Begriff ableiten, dass die Frau dem Mann untergeordnet ist. Es geht vielmehr um eine „Entsprechung". „Das hebräische Wort für „Entsprechung" (*kenegdo*) ist am ehesten als „Gegenüber" zu verstehen. Das ist jemand, der auf Augenhöhe ist, der mir einerseits sehr ähnlich ist, andererseits nicht einfach nur ein Spiegelbild, sondern so anders, dass er die Seiten meines Lebens und meiner Persönlichkeit ergänzt und ausgleicht, die alleine nicht gut wären. Nur so können Mann und Frau den Auftrag Gottes für die Erde ausführen."

Wer herrscht?

Tatsächlich gibt es aus 1 Mose 1-2 darauf nur eine Antwort: beide. Es gibt in diesen beiden Kapiteln keine direkten Hinweise darauf, dass der Mann über die Frau herrscht. Gerne wird von Vertretern der patriarchalischen, manchmal auch der komplementären Auffassung das Argument genannt, dass Adam seiner Frau einen Namen gibt. Namensverleihung ist im Alten Testament tatsächlich ein Zeichen von Rang und Herrschaft. Der Höhergestellte darf dem Untergeordneten einen Namen geben, wie zum Beispiel der Pharao bei Joseph in 1 Mose 41,45. Als Adam in 1 Mose 2,23 seine Frau *ischah* nennt, ist das aber eher eine „Gattungsbezeichnung" als ein Name. Sie ist von seiner Art, von seinen Knochen und seinem Fleisch. Den Namen „Eva" bekommt die Frau aber erst nach dem Sündenfall in 1 Mose 3,20.

Es gibt aber eine Reihe von indirekten Hinweisen auf eine Vorrangstellung des Mannes vor der Frau, sowohl in 1 Mose 2 als auch 3:

1. Der Mann wird zuerst erschaffen und zunächst auch alleine. In unserer Kultur ist das relativ bedeutungslos, in der Kultur Israels aber war der Erstgeborene mit Vorrang ausgestattet und trug mehr Verantwortung für die Familie. Paulus argumentiert damit in 1 Timotheus 2,13.

2. Nachdem der Garten gepflanzt ist (2,8-14), wird der Mann in den Garten gesetzt und bekommt dort erst mal alleine den Auftrag zur Bebauung und Bewahrung des Gartens.

3. Gott erläutert dem Mann das Gebot des Gartens, nämlich die Früchte, die zur Verfügung stehen, und der eine Baum, der nicht zur Verfügung steht (2,16-17).

4. Die Tatsache, dass die Frau der Schlange in 1 Mose 3 erklären kann, was das Gebot Gottes ist und sogar eine Lüge der Schlange richtigstellen kann, macht deutlich, dass der Mann nach der Schaffung der Frau dieser sorgfältig und sogar verschärft das Gebot Gottes weitererzählt hat: Sie spricht davon, dass sie ihn noch nicht mal berühren darf, wovon in der Anweisung an Adam keine Rede war (1 Mose 2,17 und 3,3).

5. Der Mann wird nach dem Essen der verbotenen Frucht zuerst von Gott angesprochen, nicht die Frau.

Wenn man die Abfolge in 1 Mose 2 und 3 miteinander vergleicht, ergibt sich folgendes Bild:

Die Reaktion Gottes auf den Sündenfall kann man nach diesem Schema als den gewaltsamen Schritt verstehen, die alte Ordnung wiederherzustellen. Es beginnt mit der Schlange:

1 Mose 3,14 Und Gott, der HERR, sprach zur Schlange: Weil du das getan hast, sollst du verflucht sein unter allem Vieh und unter allen Tieren des Feldes! Auf deinem Bauch sollst du kriechen, und Staub sollst du fressen alle Tage deines Lebens!

Die Schlange, ein Tier, das beherrscht werden sollte, hat sich an die Position Gottes gesetzt. Sie interpretiert die Gebote neu und unterstellt indirekt, dass Gott Konkurrenz fürchtet und deshalb Mann und Frau von guten und wichtigen Früchten fernhält. Gottes Antwort ist nicht nur so, dass die Schlange in die Position des Tieres zurückgesetzt wird, sondern sogar unter alle Tiere gestoßen wird. Ganz wörtlich ist sie nun ganz unten, im Staub, erniedrigt, weil sie sich selbst erhöhte.

16 *Zu der Frau sprach er: Ich werde sehr vermehren die Mühsal deiner Schwangerschaft, mit Schmerzen sollst du Kinder gebären! Nach deinem Mann wird dein Verlangen sein, er aber wird über dich herrschen!*

Die Frau wird doppelt gestraft: Zum einen wird der schönste Augenblick ihres Lebens von nun an auch immer der schmerzhafteste und gefährlichste sein. Schwangerschaft und Geburt, Quellen des Lebens, werden ausgerechnet das Leben der Frau bedrohen. Zum anderen wird auch sie zurückgestoßen in eine Ordnung, die vorher nur angedeutet und nicht explizit geboten war: Sie wird aus der Abhängigkeit vom Mann nicht herauskommen, und der Mann wird diese Abhängigkeit nutzen, um sie zu beherrschen. „Eine Not der Frau besteht darin, dass sie in ihrer Sehnsucht nach Liebe und nach Kindern nach dem Manne verlangt, dieses in seiner Art einseitige Begehren aber vom Manne dazu benützt wird, seine Herrschaft über die Frau in bedrückender Weise auszuüben.“[27]

Gott stellt für die Schlange und für die Frau die alte Ordnung wieder her, nun aber unter deutlich verschärften Bedingungen. Was vorher kein Thema war, nämlich die Beziehung zwischen Mann und Frau

---

[27] Keel, Othmar 1992. *Das Hohelied*. Zürcher Bibelkommentare. Altes Testament, Band 18. S. 232f

und ihr gemeinsames Herrschen über die Schöpfung, ist jetzt ein Problem geworden. Die Frau, zu der Gott indirekt über den Mann bezüglich des verbotenen Baumes gesprochen hatte, wird nun wieder unter den Mann gezwungen, aber die Beziehung hat eine deutliche Abwertung erfahren. Schönheit und Harmonie sind beschädigt. Wie Schwangerschaft und Geburt schön und verletzend zugleich sind, so ist es nun auch die Beziehung zum Mann.

Und so ist es auch für die Arbeit, die der Mann zu tun hat:

17 *Und zu Adam sprach er: Weil du auf die Stimme deiner Frau gehört und gegessen hast von dem Baum, von dem ich dir geboten habe: Du sollst davon nicht essen! – so sei der Erdboden verflucht um deinetwillen: Mit Mühsal sollst du davon essen alle Tage deines Lebens;* 18 *und Dornen und Disteln wird er dir sprossen lassen, und du wirst das Kraut des Feldes essen!*

Der Ackerboden, Quelle des Segens, ist nun auch der Ort der harten und manchmal vergeblichen Arbeit, der Mühsal. Auch hier wird die Voraussetzung des Lebens gleichzeitig zur Bedrohung des Lebens:

19 *Im Schweiße deines Angesichts wirst du dein Brot essen, bis du zurückkehrst zum Erdboden, denn von ihm bist du genommen. Denn Staub bist du, und zum Staub wirst du zurückkehren!*

Fazit: Mit dem Sündenfall in 1 Mose 3 wird das Leben zwiespältig.

a. Das, was Leben gibt (Geburt, Ehe, Acker), bedroht es auch gleichzeitig.

b. Die Ordnung, die in der Schöpfung herrschte, wird von Gott wiederhergestellt. Aber sie ist trotzdem nicht die gleiche. Jetzt tut weh, was vorher einfach nur schön war.

c. Die Beziehung zwischen Mann und Frau, die das Thema „Herrschaft“ nicht kannte, ist jetzt hierarchisch. Die Vorrangstellung des Mannes, da er zuerst geschaffen war und Gott zu ihm über die Gebote sprach, ist nun eine Herrschaftsstellung geworden.

Die Beziehung, die vorher ein Geschenk der Freundlichkeit Gottes war, ist nun beides: Segen und Fluch. Wer dafür einen Beleg braucht, der höre einfach mal eine halbe Stunde den Liedern im Radio zu – es scheint kaum ein anderes Thema zu geben als die schwierige Beziehung zwischen Mann und Frau zwischen Hoffen und Bangen, zwischen Glück und Zerstörung.

Schlussfolgerung

Für unsere Fragestellung ergeben sich damit verschiedene Konsequenzen. Der Schöpfungsbericht in 1 Mose 1-2 ist wenig ergiebig, was Fragen nach Herrschaft des Mannes oder Unterordnung der Frau betrifft. Eigentlich ist das nicht das Thema, und es scheint unausgesprochen gut geregelt zu sein. Offensichtlich ist der Mann der erste Verantwortungsträger. Ihn informiert Gott über die Regeln des Gartens, ihn spricht er zuerst an, als diese Regel gebrochen ist. Der Mann wird bestraft, weil *„du auf die Stimme deiner Frau gehört und gegessen hast von dem Baum“*. Nicht der Umstand, dass Adam tut, worum seine Frau ihn bittet, sondern dass er dabei bewusst Gottes Gebote ignoriert, ist Anlass für die Strafe. Der Mann hat durch den Umstand, dass er zuerst geschaffen wurde, einen gewissen Vorrang und höhere Verantwortung. Der Auftrag, über die Erde zu herrschen, wird deutlich beiden Geschlechtern übertragen. Von einem Auftrag, übereinander zu herrschen, ist dagegen bis Ende 1 Mose 2 nicht die Rede. Allerdings auch nicht nach 1 Mose 3. Es gibt im gesamten Alten Testament nicht ein einziges Gebot oder eine Aufforderung an den Mann, über die Frau zu herrschen oder an die Frau, sich dem Mann unterzuordnen. Auch Schweigegebote oder sonstige Anweisungen, wie sich Mann und Frau in welche Rolle zu fügen haben, existieren nicht. Nun könnte man behaupten, dass sich konkrete Anweisungen aufgrund einer strengen und für die Frauen restriktiven Kultur des Alten Vorderen Orients erübrigten. Die Frauen wussten schon, wie sie sich zu verhalten haben und praktizierten es eben auch so. Das ist allerdings nicht ganz korrekt, wie sich an verschiedenen Beispielen erkennen lässt. Eines davon ist die Richterin Debora, ein negatives Beispiel ist Königin Atalja und noch mal ein ganz anderes Beispiel die Idealfrau in Sprüche 31.

3.2 Zwei Modelle in der Bibel: Debora und Atalja

Im Alten Testament werden Frauen und ihre Bedeutung für Familie und Gesellschaft seltener thematisiert, als wir es in unserer modernen westlichen Kultur erwarten würden – und doch wohl weitaus häufiger, als es zu altorientalischen Zeiten üblich war.

A. Debora (Richter 4-5)

Sehr ungewöhnlich ist der Bericht über die Herrschaft Deboras in Richter 4,1-9:

Und die Söhne Israel taten weiter, was böse war in den Augen des HERRN, nachdem Ehud gestorben war.
2 Da verkaufte sie der HERR in die Hand Jabins, des Königs von Kanaan, der in Hazor König war. Sein Heeroberster war Sisera, der wohnte in Haroschet-Gojim.
3 Da schrien die Söhne Israel zu dem HERRN; denn er hatte neunhundert eiserne Wagen, und er quälte die Söhne Israel mit Gewalt zwanzig Jahre.
4 Und Debora, eine Prophetin, die Frau des Lappidot, war Richterin in Israel zu jener Zeit.
5 Sie hatte ihren Sitz unter der Debora-Palme, zwischen Rama und Bethel, im Gebirge Ephraim. Und die Söhne Israel gingen zu ihr hinauf zum Gericht.
6 Und sie sandte hin und ließ Barak, den Sohn Abinoams, aus Kedesch in Naftali rufen. Und sie sagte zu ihm: Hat der HERR, der Gott Israels, nicht geboten: Geh hin und zieh auf den Berg Tabor und nimm mit dir zehntausend Mann von den Söhnen Naftali und von den Söhnen Sebulon?
7 Ich aber ziehe Sisera, den Heerobersten Jabins, zu dir heran an den Bach Kischon mit seinen Wagen und seiner Menge, und ich gebe ihn in deine Hand!
8 Da sagte Barak zu ihr: Wenn du mit mir gehst, gehe ich; wenn du aber nicht mit mir gehst, gehe ich nicht.
9 Da sagte sie: Ich will gerne mit dir gehen - nur dass dann die Ehre nicht dir zufällt auf dem Weg, den du gehst, denn in die Hand einer Frau wird der HERR den Sisera verkaufen. Und Debora machte sich auf und ging mit Barak nach Kedesch.

Das Volk ist in großen Schwierigkeiten, weil es Gott ignoriert und fröhlich eine bunte Mischung aus vielen nützlichen Göttern und Götzen verehrt, nach dem Motto: Einer davon wird uns schon helfen.

Gott lässt sein Volk in große Not kommen, damit es zu Ihm zurückfindet. Es kommt zu heftigen Überfällen des Königreichs von Hazor auf Israel, bei denen die Israeliten grausam unterlegen sind. Als Folter und Mord nicht mehr auszuhalten sind, tun die Israeliten endlich das, was sie von Anfang an hätten tun sollen: Sie schreien zu Gott. Und Gott antwortet durch eine Frau, eine Prophetin, die zugleich auch Richterin in Israel ist: Debora.

Die Richter der damaligen Zeit waren nicht nur für juristische Fragen zuständig, sondern auch für die Führung des Volkes. Sie waren die Vorläufer der späteren Könige. Der Unterschied zu den Königen bestand jedoch darin, dass Richter nur auf das Gebot Gottes hin für das Volk Gottes aktiv wurden, ansonsten aber ihren alltäglichen Beschäftigungen nachgingen. Es gab keinen Palast, sondern im Fall von Debora nur einen Platz unter einer Palme. Es gab kein Heer, sondern nur den spontanen Aufruf an alle Männer in Israel, schnell zusammenzukommen, um das Land zu verteidigen. Es gab keinen Hofstaat, keine Steuern. Die Autorität der Richter beruhte einzig auf der Berufung und Begabung durch Gott. Debora war eine solche Berufene und Begabte. Richter 4,5 erklärt, dass sie im ganzen Volk Israel als Richterin und Prophetin anerkannt war. Das Ungewöhnliche an diesem Text ist, dass er nicht in unserer Zeit verfasst wurde, in der man mit einer Margaret Thatcher, einer Indira Gandhi oder einer Angela Merkel ja durchaus Frauen in Führungspositionen kennt und schätzt. Das Richterbuch wurde vor mehr als 3.000 Jahren verfasst, in einer Gesellschaft, die Frauen tendenziell eher als Besitz des Mannes verstand und definitiv unter den Mann geordnet sah. Man würde irgendeine Erklärung erwarten, die deutlich macht, warum unter den komplett männlichen Richtern diese eine Frau auftaucht. Vielleicht würde man auch eine Art Entschuldigung erwarten, in der Weise, wie sie bei manchen Predigern auftaucht, die diesen Text auslegen. Dann wird behauptet, es hätte eben keine passenden Männer gegeben, und so wäre quasi als Notlösung Debora Richterin geworden. Der Text selbst verzichtet auf irgendwelche Erklärungen, und auch die Israeliten der damaligen Zeit nahmen Debora als Richterin als gegeben hin und wendeten sich gerne an sie in allen Rechtsfragen. Auch ihre Führung wird akzeptiert, was an Barak in Richter 4,6-9 leicht zu erkennen ist. Barak gehorchte der Aufforderung Deboras, zu ihr zu kommen, wie auch dem Wort Gottes durch Debora, dass er in einen für ihn eigentlich aussichtslosen Krieg ziehen soll. Versetzen wir uns noch mal in die Leser vor 3.000 Jahren: Obwohl deren Kultur die meiste Zeit nach den Kriterien moderner Gesellschaft „frauenfeindlich" gewesen zu sein scheint, hält es der Autor vom Richterbuch nicht für nötig, irgendeine Erklärung für die Richterin abzugeben. Daraus lassen sich drei Dinge ableiten:

1. Möglicherweise waren die alten Zeiten gar nicht so „frauenfeindlich", wie wir heute aus der Perspektive einer übermäßig selbstbewussten Zeit der Moderne gerne denken.

2. Offensichtlich war auch bei einer relativ starken Rollenfixierung von Mann und Frau viel Beweglichkeit bzw. Pragmatismus möglich, sowohl bei den Israeliten als auch letztlich bei Gott.

3. Es fühlte sich offensichtlich niemand durch die Art und Weise der Herrschaft der Debora bedroht. Sie konnte leiten, ohne dass Männer sich in ihrer Identität verhedderten, ohne dass Familien auseinanderfielen oder eine radikale Frauenbewegung initiiert wurde. Niemand kam auf die Idee, dass ab Debora nun grundsätzlich bei gleicher Qualifikation immer eine Frau für die Führungsaufgabe zu bevorzugen sei. Anders gesagt: Es wurde eine pragmatische Entscheidung Gottes für Debora als Richterin und Prophetin akzeptiert, ohne daraus eine Ideologie zu entwerfen, die den Kampf der Geschlechter thematisiert, die Befreiung der Frau aus was auch immer erkämpft oder auf der anderen Seite die Gefahr für das geistliche Leben Israels durch die Führung einer Frau heraufbeschwört.

Dass das Rollenverständnis von Mann und Frau entspannt „Ausnahmen“ erträgt, ohne dass ein Gefühl der Bedrohung für die Rolle des Mannes entsteht, wird auch an der „Strafe“ für Barak deutlich: Weil er sich nicht in den Kampf traut, ohne die Frau Debora mitzunehmen (ansonsten war es ja schon üblich, dass die männlichen Richter mit in den Krieg zogen, ihn sogar selber anführten), muss er den eigentlichen Triumph über seinen Gegner an eine (andere) Frau, Jael, abtreten. Diese negative Konsequenz bewegt sich im klassischen Rollengefüge von Mann und Frau, in dem der Mann vor allem Ehre und Anerkennung sucht, die Frau vor allem Liebe und Fürsorge. Der Entzug der Ehre für den Mann Barak durch die Heldentat einer Frau ist der Preis dafür, dass er nicht ohne eine Frau in den Krieg ziehen wollte. Meine Vermutung ist, dass dies in der damaligen Kultur so etwas wie Ironie oder Humor war, der den Lesern ein Lächeln abrang. Dass aber diese „Strafe“ überhaupt so funktioniert, ist ein Zeichen, dass männliche und weibliche Rollen sowohl für Debora als auch für Barak völlig unberührt und unbedroht von dem Umstand waren, dass Debora Richterin war. Beide sind „Kinder ihrer Zeit“, die in den genauen kulturellen Umständen des Alten Vorderen Orients dachten und empfanden. Eine Frau als Richterin veränderte daran nichts, war aber trotzdem möglich.

B. Atalja (2 Könige 11)

Atalja ist wie ein Gegenmodell zu Debora. Ihre Herrschaft beginnt damit, dass sie Männer, die ihre Konkurrenten waren, ermordete. (2 Könige 11,1):

> *Als aber Atalja, die Mutter Ahasjas, sah, dass ihr Sohn tot war, machte sie sich auf und brachte die ganze königliche Nachkommenschaft um.*

Nachdem scheinbar alle männlichen Nachkommen ihres Sohnes (also ihre eigenen Enkel!) tot sind, ist die logische Schlussfolgerung, dass dann wohl ein weiblicher Nachkomme die Königsherrschaft antreten muss. Atalja wird Königin. Die Bahn ist frei für eine Frau.

Ihre Tochter oder Stieftochter jedoch vereitelt ihren Plan, indem sie einen Enkel der Atalja heimlich rettet und versteckt. Er wird dann nach ein paar Jahren der Führer eines Aufstands gegen die Königin. Sie wird entmachtet und hingerichtet. Die Bilanz ihrer Führung in 2 Könige 11,20:

Und das ganze Volk des Landes freute sich, und die Stadt hatte Ruhe. Atalja aber hatten sie im Haus des Königs mit dem Schwert getötet.

Inwiefern ist Atalja das Gegenmodell zu Debora? Debora bekam ihre Begabung und Aufgabe von Gott zugewiesen und war vom Volk anerkannt. Atalja nahm sich mit Gewalt eine Aufgabe, die eigentlich anderen zustand, und fand keine Anerkennung, weder bei Gott noch beim Volk. Ihre Herrschaft begann mit Gewalt und war eine tödliche Bedrohung für jeden Mann, der ihr Konkurrent hätte sein können.

Fazit

Deboras Führungsposition ist möglich, weil sie damit nicht die Männer und ihren Status bedroht. Ataljas Führungsposition ist unmöglich, weil sie sie als Kampf gegen die Männer lebt. Hier liegt nach meinem Empfinden ein Schlüssel für die Fragen vieler Frauen nach Einsatz ihrer Begabungen in christlichen Gemeinden. Was soll „frau" tun, wenn die Gemeinde den Einsatz der eigenen Gaben nicht erlaubt? Der Kampf um mehr Rechte und Freiheiten ist kompliziert und von Verlusten begleitet. Wenn Männer sich durch das Aufbegehren der Frauen in ihrem Status bedroht fühlen, reagieren sie oft typisch für ihr Geschlecht: Sie werden aggressiv. Sie berufen sich auf Regeln und geistliche Wahrheiten, sie stellen ihre Autorität nach vorne und behaupten ihren Status. Wenn sie damit nicht durchkommen, dann ziehen sie sich zurück und überlassen den Frauen das Feld. Leider stehen sie dann auch kaum noch für Mitarbeit zur Verfügung. Deswegen ist es schwierig, wenn Frauen in der Gemeinde um Rechte und Freiheiten kämpfen. Sie mögen einen Sieg erringen, aber der ist möglicherweise teuer und bringt nicht wirklich das, was erhofft wurde. Wenn dagegen Gott beruft, dann darf man Ihm auch zutrauen, den richtigen Weg zur Berufung dazuzugeben.

Atalja und Debora sind zwei extreme Modelle, die wegweisend sind. Atalja empfindet die Männer als Hindernis für ihre Karriere. Sie tötet, was ihr in den Weg kommt. Debora füllt dagegen die Rolle aus, die Gott ihr zuweist und die von Männern akzeptiert ist. Sie erlebt Kooperation und Achtung vonseiten der Männer.

3.3 Starke Frauen, stolze Männer: Sprüche 31

Wenn ich einen Text über Frauen lese, der ca. 3.000 Jahre alt ist, erwarte ich ein konservatives Bild über die weibliche Rolle: Kinder, Küche, der Mann verdient das Geld, die Frau hat keine Bedeutung über den Haushalt und die Kinder hinaus. Deswegen überrascht mich das 31. Kapitel im Buch der Sprüche sehr, weil es einen ganz anderen Frauentyp als Idealbild zeichnet.

Eine tüchtige Frau, wer findet sie? Weit über Korallen geht ihr Wert. Ihr vertraut das Herz ihres Mannes, und an Ausbeute wird es ihm nicht fehlen (Sprüche 31,10-11).

Ein überraschend anderes Bild von der Rolle der Frau

In der Lutherbibel wird dieser Abschnitt mit „Lob der tüchtigen Hausfrau" überschrieben. Diese Überschrift scheint genau dem Bild der kleinbürgerlichen Familie zu entsprechen, wo der Mann das Geld verdient und die Frau im Haus für Kochen und Putzen zuständig ist. Das widerspricht aber dem, was über diese Frau gesagt wird. Ich habe in der linken Spalte der folgenden Tabelle jeweils den Bibelvers aus Sprüche 31 notiert und in der rechten Spalte versucht, mit eigenen Worten wiederzugeben, was dieser Vers über die Frau aussagt. Dafür habe ich bewusst sehr moderne Formulierungen gewählt, um deutlich zu machen, dass Sprüche 31 an vielen Stellen nicht dem klassischen Frauenbild des Kleinbürgertums des 19. Jahrhunderts das Wort redet.

Bibeltext	***Aussage***
(13) Sie kümmert sich um Wolle und Flachs und arbeitet dann mit Lust ihrer Hände.	Handwerkerin, Produzentin
(14) Sie gleicht Handelsschiffen, von weit her holt sie ihr Brot herbei.	Verdient für ihre Familie das Brot
(15) Und sie steht auf, wenn es noch Nacht ist, und gibt Speise ihrem Haus und das Angemessene ihren Mägden.	Chefin mit Personalverantwortung
(16) Sie hält Ausschau nach einem Feld und erwirbt es; von der Frucht ihrer Hände pflanzt sie einen Weinberg.	Maklerin, Grundbesitzerin, Bäuerin
(17) Sie gürtet ihre Lenden mit Kraft und macht ihre Arme stark.	Stark und voller Kraft
(18-19) Sie merkt, dass ihr Erwerb gut ist; auch nachts erlischt ihre Lampe nicht. Sie streckt ihre Hände aus nach der Spinnrolle, und ihre Finger ergreifen die Spindel.	Arbeitet in mehreren Schichten, um den Gewinn (Erwerb) zu steigern
(20) Ihre Hand öffnet sie dem Elenden und streckt ihre Hände dem Armen entgegen.	Nutzt ihr Vermögen für sozialdiakonisches Engagement

(21-22) Nicht fürchtet sie für ihr Haus den Schnee, denn ihr ganzes Haus ist in Karmesinstoffe gekleidet. Decken macht sie sich; Byssus und roter Purpur sind ihr Gewand.	Sorgt für die Familie, dass sie den Winter überlebt Leistet sich teure Kleidung
(24) Kostbare Hemden macht sie und verkauft sie, und Gürtel liefert sie dem Kaufmann.	Unternehmerin
(25) Kraft und Hoheit sind ihr Gewand, und unbekümmert lacht sie dem nächsten Tag zu.	Souveräne Lebensgestaltung, gibt Sicherheit und Geborgenheit
(26) Ihren Mund öffnet sie mit Weisheit, und freundliche Weisung ist auf ihrer Zunge.	Lehrerin, Beraterin, Ermutigerin
(27) Sie überwacht die Vorgänge in ihrem Haus, und das Brot der Faulheit isst sie nicht.	Geschäftsführerin
(30) eine Frau, die den HERRN fürchtet, die soll man rühmen	Gläubige Frau, die Gott über alle und alles setzt

Die Frau verdient die „Brötchen", der Mann bekleidet ein Ehrenamt

Dieser Bibeltext zeichnet ein erstaunlich dynamisches und selbstbewusstes Bild einer Frau des Alten Vorderen Orients. Es ist die Rede von einer Idealfrau, also einer Frau, wie sie sich ein Mann nur wünschen kann. Sie hat ein offensichtlich sehr gutes Einkommen und investiert das in die Familie. Was tut eigentlich der Mann?

23 *Ihr Mann ist bekannt in den Toren, wenn er Sitzung hält mit den Ältesten des Landes.*

Die Besonderheit des Mannes in diesem Kapitel ist sein Ehrenamt, also sein Engagement für das Dorf oder die Stadt. Die Tore einer Stadt waren Teil eines Platzes, auf dem sich Bewohner der Stadt versammelten. In den Durchgängen der Tore waren Sitzgelegenheiten. Diese Sitze waren für die Ehrenbürger der Stadt reserviert, „Älteste" genannt. Das waren Männer, die gut angesehen waren, einen guten Charakter hatten und ihre Familie auf gute Weise führten. Ihre Aufgabe war es, über Angelegenheiten der anderen Bürger zu entscheiden. Ihr Urteil wurde als verbindlich angesehen. Voraussetzung für eine solche Aufgabe war das Vertrauen der anderen Bürger, das vom guten Ruf eines Ältesten abhing.

Eine Frau mit Ruhm

Der Mann, von dem in diesem Kapitel die Rede ist, hat es besonders gut getroffen. Er hat eine geniale Frau: Sie bringt ihm ganz viel Ehre vor den anderen Bürgern der Stadt ein.

Durch ihr Einkommen ermöglicht sie ihrem Mann, seinem Ehrenamt nachzukommen. Ob er außerdem noch gearbeitet hat, wird nicht gesagt, ist aber durchaus möglich. Für Nahrung und Kleidung aber, so Sprüche 31, sorgt die Frau.

Der Mann verdankt also sowohl sein gutes Ansehen in der Stadt als auch seine freie Zeit seiner starken Frau. Seine Dankbarkeit drückt er aus, indem er sie rühmt (28). Er gibt also auch ihr die Ehre, macht ihren Namen in der Öffentlichkeit (31: in den Toren) groß und berühmt, spricht stolz von ihr, hebt ihre Eigenschaften lobend hervor, nimmt sich Zeit, ihr zu sagen, was er so sehr an ihr schätzt, und bekennt damit auch seine Abhängigkeit von ihrer Treue und ihrem Fleiß. Darin ist er übrigens so sehr Vorbild, dass seine Söhne ihm folgen und ihre Mutter preisen (28).

Anders, als sich einige den Alten Orient vorstellen

Das klingt alles so ganz anders, als die Vorstellungen vom Mann als autoritäres Oberhaupt und der Frau als dienstbarer Magd. Was mir besonders auffällt, ist Folgendes:

- Diese Frau übt keine falsche Demut. Sie muss nicht betonen, wie schlecht, unwichtig oder schwach sie ist. Sie tritt stark auf und behauptet sich auch in der Öffentlichkeit. Sie bringt ihre Gaben ein und bewirkt viel Gutes. Sie ist bekannt dafür, sehr viel Kraft zu haben, und wird dafür öffentlich gelobt.

- Diese Frau versteht sich nicht als Konkurrenz zu ihrem Mann. Sie hat nicht das Ziel, ihn irgendwann in seiner Aufgabe als Ältester/Richter abzulösen. Sie lebt selbstbewusst, fröhlich, mit eigener Planung und eigenen Zielen, auf die Familie orientiert und in der Bereitschaft, ihren Mann zu unterstützen, der sich in der politischen Öffentlichkeit engagiert.

- Geld verdienen war in der Kultur des Alten Vorderen Orients offensichtlich nicht reine Männersache. In den meisten Kulturen zu fast allen Zeiten waren Frauen an der Arbeit und dem Erwerb des Haushalts beteiligt. Das änderte sich in Europa erst im Zuge der Industrialisierung, als die Männer in die Fabrik gingen, die Frauen dagegen das Haus managten. Die bäuerlichen Gesellschaften dagegen sind meistens gezwungen, die Frauen mit auf den Feldern arbeiten zu lassen. Nur reiche Familien können sich in diesen Gesellschaften den Luxus erlauben, die Frau aus der Erwerbstätigkeit herauszunehmen. Gelegentlich kommt es sowohl in Asien als auch in Afrika vor, dass Frauen die körperlich harten Arbeiten ausführen müssen.

- Männer brauchen Anerkennung. Frauen auch. Der Text deutet jedoch an, dass für den Mann vor allem die Anerkennung seines Status eine große Bedeutung hat. Status begründet seine Position als Ältester im Dorf. Das Lob für die Frau betrifft vor allem ihren starken Charakter und ihre große Leistungsfähigkeit. Das Lob hebt nicht ihren Status in der Dorfgesellschaft, aber es zeigt Wertschätzung. Die drückt sich auch darin aus, dass die Weisheit dieser Frau gerne von allen gehört wird.

- Diese Frau spricht und wird gehört. Von einem Schweigen in der Öffentlichkeit ist hier keine Rede, im Gegenteil: Ihre Meinung ist bekannt und geachtet.

- Alte Rollenvorstellungen von der Schwachheit der Frau und der Stärke des Mannes werden hier auf den Kopf gestellt. Tatsächlich ist die Frau hier ein echter Powertyp.

- Das soziale Engagement wird ausdrücklich hervorgehoben und als starke, qualifizierende Eigenschaft der Frau betont.

- Die eigentliche Stärke und Ehre der Frau ist ihre Gottesfurcht. Das ist auch die entscheidende Eigenschaft des Mannes (Sprüche 1,1-7). Frauen und Männer haben den gleichen Weg, um Gott zu erkennen und ein sinnvolles Leben zu führen: Gott über alles setzen, Ihn respektieren und vor alles andere ordnen.

Und die Gemeinde heute?

Sprüche 31 verdeutlicht, dass die Rollenbilder, die wir für besser oder schlechter halten, möglicherweise mehr mit unserer Kultur als mit der Bibel zu tun haben. Wer meint, den Slogan „Kinder, Küche, Kirche" aus der Bibel ableiten zu können, kommt in Erklärungsnot.

Es wird auch deutlich, dass das Gemeinwesen, also ein Dorf, ein Stadtteil, die Nachbarschaft oder wer auch immer, einen großen Vorteil hat, wenn der eine Partner mit seinem Einkommen dem anderen Freiräume für ein Ehrenamt schafft.

Der Gedanke, dass eine Frau das Geld verdient, damit der Ehemann beispielsweise ein Ältestenamt in einer Gemeinde vernünftig ausfüllen kann, ist ungewöhnlich, aber gemäß Sprüche 31 durchaus möglich. Offensichtlich ist uns der Gedanke heute fremder als den Menschen vor 3.000 Jahren.

Keine Angst vor starken Frauen

Starke Frauen sind keine Bedrohung für Männer. Sie widersetzen sich auch nicht der Aufforderung des Paulus in Epheser 5,33, dass die Frau Ehrfurcht vor ihrem Mann haben soll. Männer sind oft empfindlich, wenn sie sich nicht respektiert fühlen. Deshalb fürchten manche Männer starke Frauen, weil sie sich von ihnen bedroht fühlen. Hier müssen Männer umdenken. Starke Frauen sind nicht automatisch Konkurrenz und Bedrohung. Solche Ängste pflegen Männer zuweilen auch in christlichen Gemeinden und übertragen sie sogar ins Privatleben. Der Rat von Sprüche 31 ist jedoch: Fürchte nicht deine Frau, sondern rühme sie! Lobe ihre Stärken! Ermutige sie in ihren Gaben! Freue dich, wenn sie etwas besser kann, wenn sie intelligenter handelt, wenn sie cleverer verhandelt, wenn sie erfolgreicher wirtschaftet – nicht fürchten, loben!

Das sogenannte „schwache Geschlecht" ist eigentlich nur deshalb schwach, weil es stärker ist. Luther meint zu den Ehefrauen: *„Es ist* *wohl wahr, das meiste Unglück in der Ehe gehet über sie; sie verlieren ihre Freiheit und müssen im Ehestand mit Kindertragen und Kinderziehen viel Not und Jammers leiden; dessen sie überhoben wären, wo sie nicht ehelich würden*“[28]. Frauen leiden mehr in der Ehe, riskieren ihr Leben bei den Geburten, verzichten auf ihre Freiheiten um der Kinder und der Familie willen und sind insofern stark, weil sie mit starker Leidenschaft starke Opfer bringen. Ihre scheinbare Schwäche resultiert aus ihrer Bereitschaft, für andere Opfer zu bringen. Dafür riskieren sie ihre Gesundheit, lassen sich den Schlaf rauben, verzichten auf Anerkennung und Karriere, üben sich im Durchhalten und lassen sich nur schwer davon abbringen, ihre Kinder und ihren Mann zu lieben. Das macht sie schwach im Konkurrenzkampf und Statusgehabe der Männerwelt, aber in Bezug auf ihren Charakter kann ich das nur Stärke nennen. Die Würdigung und das Lob dieser Stärke und dieses Opfers ist deshalb wichtige Aufgabe für den Mann: *„gebt ihnen Ehre als solchen, die auch Miterben der Gnade des Lebens sind ...“* (1 Petrus 3,7).

Da nicht alle Frauen Mütter sind, sollte die Anerkennung ihrer Begabungen und Leidenschaft in der christlichen Gemeinde öfter und zu mehr Anlässen als nur am Muttertag erfolgen.

Männer und Frauen haben keine unterschiedliche geistliche Wertigkeit. Ihre Frömmigkeit, ihre Gaben, ihre Aufgaben und ihr Lebensstil mögen verschieden sein, doch die Qualität ihres geistlichen Lebens hängt von genau dem gleichen Faktor ab, der Gottesfurcht im Sinne von Sprüche 31, also der Bereitschaft, Gott vor alles andere zu setzen und ernst zu nehmen.

Ehre für die Frau trotz Statusdenken beim Mann

Schließlich noch ein Gedanke zum heftig diskutierten Thema weiblicher und männlicher Rollen in der Gemeinde. Fast schon klassisch sind die Rollen des Mannes als Repräsentant in der Öffentlichkeit

---

[28] Doktor Martin Luthers Haus-Postille nach der Wittenberger Ausgabe vom Jahre 1544. *Eine kurze Vermahnung an die Eheleute*, Seite 1137

und Inhaber eines hohen Status. Die Frau konkurriert nicht damit. Das ist auch in Sprüche 31 so. Offensichtlich ist das aber keine wesentliche Einschränkung der Möglichkeiten einer Frau, ihre Begabungen zu leben. Auch Paulus reduziert nicht den Wert der Frau und übersieht nicht ihre Gaben, wenn er sie bittet, ihre Männer zu respektieren und deren Autorität nicht zu untergraben (Epheser 5,33).

Wenn Männer sich darin üben, ihre Frauen zu fördern, ihre Leistungen anzuerkennen und ihre Vorzüge öffentlich hervorzuheben, dann entdecken Frauen und Männer möglicherweise gemeinsam einen Lebensstil, der biblisch begründet ist und der der Frau den Handlungs- und Entfaltungsspielraum für ihre Gaben gibt, der ihr also hilft, Gottes Auftrag zu leben.

Genau diese Art von Förderung erleben Frauen im Neuen Testament, bei Jesus und seinen Jüngern.

3.4 Frauen bei Jesus und in der ersten Gemeinde[29]

Als Erstes fällt – im Unterschied zum rabbinischen Verständnis seiner Zeit – der wertschätzende Umgang Jesu mit Frauen auf. In seiner Lehre über Ehe und Sexualität verwarf er die Vorstellungen der Rabbiner und stellte den ursprünglichen Willen Gottes her. So machte Jesus nicht die verführerischen Frauen, sondern den Mann selbst für sein sexuelles Begehren verantwortlich (Matthäus 5,28). Er sprach ihn im Fall des Ehebruchs genauso schuldig wie die Frau (Johannes 8,3-11). In der Öffentlichkeit sprach Jesus – entgegen der Vorschriften – mit Frauen (Johannes 4,1-30). Er freute sich über den Glauben von Frauen (Lukas 11,27f). Er heilte sie, ließ sich von ihnen – skandalös in der damaligen Zeit – berühren (Lukas 8,43-48). Und er bezeichnete eine Frau in der Öffentlichkeit sogar als „Tochter Abrahams" (Lukas 13,10-17).

---

[29] Die Ausführungen zu diesem Abschnitt gehen vor allem auf Dr. Horst Afflerbach, Lehrer an der Biblisch-Theologischen Akademie Forum Wiedenest, zurück.

Frauen dienen Jesus im Kreis der Nachfolger (Lukas 8,3; 10,40). Frauen ziehen als Jüngerinnen mit Jesus durch Galiläa (Lukas 8,2.3) und nach Jerusalem, wo sie bis zuletzt unter dem Kreuz ausharren (Markus 15,40f), nachdem die Männer unter den Jüngern schon längst geflohen waren (Matthäus 26,56). Frauen werden von Jesus als Vorbilder hervorgehoben, weil sie einen besonderen Glauben haben (Matthäus 15,28) oder weil sie in besonderer Weise ihrem Glauben Ausdruck verleihen (Markus 14,3-9; Matthäus 26,13). Die Zeichenhandlung der Frau, die Jesus mit kostbarer Narde salbte, wird nach den Worten Jesu „zu ihrem Gedächtnis" dienen (Markus 14,9). Nach den Auferstehungsberichten der Evangelien sind es *zuerst Frauen*, denen der auferstandene Herr Jesus Christus begegnet. Sie sind es auch, die ihn den anderen Jüngern gegenüber als Lebendigen bezeugen (Markus 16,1-7; Lukas 24,1-10; Matthäus 28,9f; Johannes 20,17). Maria gibt die von Jesus empfangene Botschaft „Ich gehe hinauf zu meinem Vater und zu eurem Vater und zu meinem Gott und zu eurem Gott" weiter, indem sie ihre Kunde einleitet mit den Worten „Ich habe den Herrn gesehen!" (Johannes 20,17.18).

Auf dem Hintergrund des zeitgenössischen Judentums, dass Frauen als Zeugen vor Gericht nicht einmal zugelassen wurden und ihr Zeugenwort nichts galt, ist es ein unübersehbares Signal, wenn die Evangelien festhalten, dass gerade Frauen Zeuginnen des Auferstandenen waren.

In der Apostelgeschichte, die die Entstehung und Entwicklung der Urgemeinde beschreibt, werden *Frauen neben Männern* besonders häufig erwähnt. Schon zu Beginn sehen wir Frauen mit den 12 Aposteln *„einmütig im Gebet"* (Apostelgeschichte 1,14). Das heilsgeschichtlich einmalige Ereignis der Geistausgießung über Jüngerinnen und Jünger und die Gründung der Gemeinde Jesu an Pfingsten wird von Petrus als Erfüllung der alttestamentlichen Verheißung aus Joel gedeutet (2,16ff). In der Folge sehen wir Männer und Frauen im Dienst für Christus. Saphira wird ebenso wie ihr Mann persönlich für ihre Tat verantwortlich gemacht (5,1-11). Petrus gibt dem Dienst der Tabita Anerkennung, indem er sie aufweckt (9,36-43). Maria, die Mutter des

Johannes Markus, stellt ihr Haus der Gemeinde zur Verfügung, die sich dort zum Gebet trifft (12,12). Mehrere vornehme – und das bedeutet auch einflussreiche – Frauen aus Thessalonich bekehren sich (17,4), ebenso in Beröa (17,12) und Athen, u. a. wird Damaris namentlich erwähnt (17,34). Wir finden Frauen in den urchristlichen Gemeinden zwar nicht als Apostel, wohl aber als *Prophetinnen* vor (1 Korinther 11,5). Lukas schreibt von den vier Töchtern des Philippus, die „weissagten" (Apostelgeschichte 21,9). Auch das *Beten* in Familie und Gemeinde war für Frauen selbstverständlich (1 Korinther 11,13). *Lydia* wird als einzige Jüdin, die in der Synagoge von Philippi war, in Apostelgeschichte 16,15 als Bekennerin des Herrn Jesus erwähnt. Auch die Zeltmacherin *Priszilla* wird ausdrücklich als Jüdin bezeichnet (Apostelgeschichte 18,2), die mit ihrem Mann Aquila für Paulus ihren eigenen Hals hingehalten und dadurch ihre Zivilcourage bewiesen hat (Römer 16,3). Später erweist sie sich als ausgezeichnete *Lehrerin*, die dem charismatischen Redner Apollos „den Weg Gottes noch genauer auslegt" (Apostelgeschichte 19,25ff). In Römer 16,3 wird selbstverständlich Priska erwähnt, noch *vor* ihrem Mann! *Phöbe* wird im Römerbrief besonders herausgestellt. Sie war *Diakonin* (nicht Diakonisse) der Gemeinde Kenchräa (Römer 16,3). Phöbe hat vermutlich der Gemeinde in Rom den Römerbrief des Paulus überbracht. Paulus gibt ihr durch die Formulierung „ich empfehle euch" und „damit ihr sie aufnehmt, des Herrn würdig" eine offizielle Empfehlung, die sie in ihrem Status schützt!

Weiterhin werden verschiedene Frauen namentlich von Paulus genannt, deren Tätigkeiten für ihn und die Gemeinde sehr wichtig waren. So haben *Evodia und Syntyche*, die als Einzige im Philipperbrief genannt werden, „für das Evangelium gekämpft" (Philipper 4,2f). Der Brief des Philemon ist explizit auch an *„Aphia, die Schwester"* gerichtet (Philemon 2).

Diese Gedanken von Horst Afflerbach machen deutlich, dass Frauen in der Öffentlichkeit der Gemeinden bekannt und geachtet waren. Wie aber lässt sich das mit dem Gebot an die Frauen, zu schweigen, vereinbaren?

3.5 Chaos in Korinth: 1 Korinther 14

Mit zwei langen Briefen reagiert Paulus auf konfliktträchtige und chaotische Situationen in der Gemeinde in Korinth. Die Kapitel 11 bis 14 im ersten Korintherbrief behandeln die Art und den Inhalt der Gottesdienste in Korinth. Folgende Probleme sind Paulus bekannt geworden:

- Anständige Frauen verhalten sich im Gottesdienst schamlos wie Prostituierte (11,5-6).
- Einige Personen sind während des Abendmahls betrunken (11,21).
- Viele reden in fremden Sprachen, die keiner versteht (14,9).
- Zufällige Gäste haben den Eindruck, dass diese Gemeinschaft einfach nur verrückt ist (14,23).
- Es geht durcheinander, weil Propheten gleichzeitig reden (14,27).

Der Anspruch der Christen von Korinth, „geistlich" oder „weise" zu sein[30], macht sich im Gottesdienst besonders bemerkbar: Es besteht ein großes Bedürfnis, seine Geistlichkeit durch Geistesgaben, insbesondere Sprachenrede und Prophetie, zu beweisen. Das führt zu Rücksichtslosigkeit im Gottesdienst: Propheten fallen sich gegenseitig ins Wort, und die Gabe des Redens in fremden Sprachen wird unabhängig davon ausgelebt, ob die anderen Gottesdienstbesucher irgendetwas davon haben. Der ganze Gottesdienst ist sehr nach innen orientiert und nimmt keine Rücksicht auf Besucher von anderen Gemeinden oder auch Fremde, die noch nie eine Gemeinde erlebt

[30] Anspielungen auf diesen Anspruch finden sich in 3,1-4; 3,18; 4,18; 5,2; 6,5; 8,1; der Begriff „geistlich" [pneumatikos] kommt in 21 Versen im Neuen Testament insgesamt vor; 11 davon finden sich im 1 Korintherbrief. Der Begriff „weise" [sophos] kommt in 19 Versen im Neuen Testament vor, 10 davon im 1 Korintherbrief. Das häufige Vorkommen im 1 Korintherbrief ist also ein herausragendes Merkmal.

haben. In 1 Korinther 11 muss Paulus die Frauen ermahnen, sich anständig zu verhalten. Ihr Verhalten ist für die Gesellschaft des damaligen Korinths nicht weit entfernt von dem einer Hure. Dann ermahnt Paulus, beim Abendmahl aufeinander Rücksicht zu nehmen und daran zu denken, dass es ja um Jesus und seinen Leib geht – in doppeltem Sinne, nämlich um den Leib Jesu, der gekreuzigt wurde, als auch um die Gemeinde, die sein Leib ist. In 1 Korinther 12 ermahnt Paulus, dass die Geistesgaben nicht zur persönlichen Profilierung gedacht sind und dass jede Gabe und Begabung ihre Berechtigung und ihren Platz hat. Fast schon ironisch macht er darauf aufmerksam, dass normalerweise diejenigen Körperteile, die wir für wenig ehrenhaft halten, am meisten „geschmückt", also verdeckt werden (1 Korinther 12,21-25). Wer also besondere Ehre für sich beansprucht, bekommt sie in der Gemeinde dann, wenn er zu den weniger Ehrenhaften gehört. In 1 Korinther 13 gibt Paulus das Grundprinzip für den christlichen Gottesdienst und christliches Leben überhaupt bekannt: Liebe. In 1 Korinther 14 bespricht er dann den ganz konkreten Ablauf des Gottesdienstes: Alle sind daran beteiligt (1 Korinther 14,26), aber wichtigstes Kriterium ist die Verständlichkeit. Deshalb wird nicht durcheinander geredet. Das war in heidnischen Gottesdiensten wohl durchaus üblich, weil es da nicht um den Inhalt einer Botschaft ging, sondern um das Ritual, das der Einzelne vollzog. Es bestanden keine „persönlichen Beziehungen" zu Götzen. Ein Götze konnte durch Rituale und Sprüche manipuliert werden. Ähnlich scheinen die Korinther auch den Gottesdienst verstanden zu haben. Verständlichkeit oder Botschaft spielten eine untergeordnete Rolle. Viel wichtiger war den Korinthern ihre religiöse Übung, mit der sie Gott und Menschen beeindrucken wollten.

Dazu kommt eine andere Tradition, die im Gottesdienst der Korinther eine Rolle spielte. Dazu muss man sich vor Augen halten, dass die Gemeinden in Korinth Hausgemeinden waren. Man traf sich zum Abendessen in Häusern. Im Rahmen dieser Mahlzeiten wurde dann auch der Gottesdienst gefeiert. Diese Mahlzeiten hatten zwei Teile: Das eigentliche Essen und ein anschließendes „gemütliches Beisammensein", das sogenannte Symposion. In den heidnischen

Symposien, Partys am Abend unter Beteiligung von Männern und der Anwesenheit von Hetären[31], wurde gesoffen, gesungen, Lieder oder Gedichte vorgetragen und diskutiert. Die Anweisungen in 1 Korinther 11 bezüglich „anständiger" Frauen und Essen und Trinken beim Abendmahl haben wahrscheinlich damit zu tun, dass die abendlichen Mahlzeiten plus die Abendmahlsfeier, die in diese Mahlzeiten und den anschließenden Feiern integriert war, zu stark von den heidnischen Symposien her geprägt waren.[32] Das Ziel von Paulus in 1 Korinther 11 bis 14 ist also als Erstes, den Gottesdienst wieder auszurichten:

a. christozentrisch (11,29)

b. missionarisch (14,23-24)

---

[31] Hetären waren weibliche Prostituierte im Altertum. Im Gegensatz zu Huren waren sie sozial anerkannt. Die antiken Hetären waren gebildet und betrieben gewerbsmäßig Musik. ... Nach der gesetzlichen Regelung der Prostitution in Athen durch die Gesetzgebung Solons (* um 640 v. Chr.; † um 560 v. Chr.) flossen auch dem Staat Einnahmen daraus zu. Im antiken Griechenland war es nicht verpönt, Umgang mit Hetären zu haben, da griechische Frauen vor allem im Haushalt (Oikos) tätig und im Gegensatz zu den Gefährtinnen in Kunst, Kultur, Literatur und Philosophie meist nicht bewandert waren. Der Lohn der Hetäre konnte von einem geringen Entgelt bis zu sehr hohen Summen reichen. Die Abgrenzung zwischen einfacher Prostitution und Hetärentum ist, wenn überhaupt, meist schwer möglich. (Auszüge aus Wikipedia, 28.09.18: https://de.wikipedia.org/wiki/Hetäre)

[32] Jan Heilmann, Peter Wick: Von den drei Mahlzeiten, die in der hellenistisch-römischen Welt üblich waren, sind auf der Grundlage der Quellen lediglich nähere Aussagen über die Hauptmahlzeit am späten Nachmittag bzw. frühen Abend möglich. ... Die Hauptmahlzeit wurde im Liegen eingenommen. ... Gemeinschaftsmahlzeiten zeichneten sich in der griechisch-römischen Welt durch eine Zweiteilung in einen Essensteil und einen anschließenden Unterhaltungsteil aus, bei dem ein Nachtisch gereicht wurde und der durch sozial normiertes Trinken von Mischwein sowie von Tischgesprächen geprägt war, aber auch durch ein Unterhaltungsprogramm u. a. mit Musik, Tanz, Spielen oder erotischer Unterhaltung erweitert werden konnte. (Auszüge aus Wibilex, 12.08.2016: https://www.bibelwissenschaft.de/wibilex/das-bibellexikon/lexikon/sachwort/anzeigen/details/mahl-mahlzeit-nt/ch/f423ab28f0f1e82f782e9341ad771fdf/)

c. kulturell angemessen, also anständig (11,14-15)

d. kommunikativ, also verständlich (14,19)

e. von der Liebe und Rücksichtnahme zueinander geprägt (13)

Paulus schafft in 1 Korinther 11-14 Ordnung. Dabei ist er nicht penibel und ordnungsfanatisch, sondern er denkt an die Menschen und deren Beziehung zueinander und mit Gott:

Denn Gott ist nicht ein Gott der Unordnung, sondern des Friedens. (1 Korinther 14,33)

Ziel ist Frieden

Oberstes Ziel für die Struktur eines Gottesdienstes ist also, dass die Gemeinschaft, die ihn feiert, Frieden darüber und miteinander hat. In diesem Sinne geht es nicht um einen „richtigen" oder „korrekten" Gottesdienst. Nicht wenige vervollständigen, wenn sie auswendig zitieren sollen, den Satz in 1 Korinther 14,33 mit „... ein Gott der Ordnung". Das steht jedoch nicht hier. Es geht um Frieden, um versöhnte Beziehungen, um ein Miteinander, das von Annahme und Wertschätzung geprägt ist.

Offensichtlich ist auch das Verhalten der Frauen ein Faktor für oder gegen Frieden. Direkt nach 14,33 setzen die beiden Verse über das Verhalten von Frauen ein:

Wie es in allen Gemeinden der Heiligen ist, sollen die Frauen in den Gemeinden schweigen, denn es wird ihnen nicht erlaubt, zu reden, sondern sie sollen sich unterordnen, wie auch das Gesetz sagt. Wenn sie aber etwas lernen wollen, so sollen sie daheim ihre eigenen Männer fragen; denn es ist schändlich für eine Frau, in der Gemeinde zu reden. (1 Korinther 14,34-35)

Wo Tradition und Kultur ins Auge fallen

Drei Dinge fallen als sogenannte „kulturelle Marker" auf, also als Begriffe oder Vorstellungen, die auf Kultur oder auch Traditionen hinweisen:

a) Paulus begründet seine Worte als Erstes mit der *Gewohnheit* der Gemeinden damals. Die Autorität seiner Worte liegt also unter anderem darin, dass das, was er sagt, in allen anderen Gemeinden so üblich ist. Er bezieht sich auf eine Tradition der Gemeinden, die offensichtlich allgemein anerkannt war.

b) Paulus bezieht sich dann auf das *Gesetz*. Das ist aber nicht das Gesetz des Alten Testamentes, denn:

    a. Es gibt im Alten Testament kein Gesetz, das das Reden der Frau im Gottesdienst verbietet oder Unterordnung verlangt. Einige Ausleger verweisen auf 1 Mose 3,16, wo Gott davon spricht, dass der Mann über die Frau herrschen wird.[33] Dies ist jedoch nur eine Ankündigung. Sie ist nicht als Gebot formuliert und erwähnt weder den Begriff „Unterordnung" noch das „Schweigen".

    b. Nicht alle Korinther waren Juden – eher umgekehrt kann man wohl von einer Mehrheit von Heidenchristen ausgehen. Sie kennen das Gesetz nicht oder sind ihm nicht verpflichtet.

    c. Paulus selbst betont die Freiheit vom Gesetz des Alten Testaments.

---

[33] Eckhard Schnabel. *Der erste Brief des Paulus an die Korinther* (Brockhaus, 2006), S. 849

Welches Gesetz meint Paulus dann?[34] Es bleibt eigentlich nur das römische Gesetz. Auch in diesem Gesetz ist das Reden der Frau nicht explizit verboten. Texte aus römischer Zeit machen aber deutlich, dass von einer Frau erwartet wurde, nicht unaufgefordert in der Öffentlichkeit zu reden.[35] Dass sich Rollen und Verhaltensweisen aus einer Kultur ergeben und auch ohne Gesetz wie selbstverständlich erwartet wurden, findet sich zum Beispiel in 1 Petrus 3,5-6: *Denn so schmückten sich auch einst die heiligen Frauen, die ihre Hoffnung auf Gott setzten und sich ihren Männern unterordneten: wie Sara dem Abraham gehorchte und ihn Herr nannte, deren Kinder ihr geworden seid, indem ihr Gutes tut und keinerlei*

---

[34] Gordon Fee, The first epistle to the Corinthians (Eerdmans 1987), S. 707: [Übersetzung durch U. Neuenhausen] Wenn Paulus sich an anderen Stellen auf das Gesetz bezieht, dann zitiert er immer den Text (so in 1 Korinther 9,8 und 14,21). Damit unterstreicht er eine Aussage, die er selbst gemacht hat. Nirgendwo anders beruft er sich auf das Gesetz mit einer solchen Verbindlichkeit für das christliche Verhalten. Noch schwieriger aber ist die Tatsache, dass das Gesetz solche Dinge gar nicht sagt.

[35] Aus Wikipedia zu „Frauen im Alten Rom“: Im Theater und Amphitheater saßen Frauen ursprünglich bei den Männern. Nach den Bestimmungen des Augustus durften sie nur noch in den obersten Rängen sitzen, wo auch Sklaven und Nichtbürger ihre Plätze hatten. Allein Vestalinnen und Mitglieder der kaiserlichen Familie hatten das Recht auf Plätze in den vorderen Reihen. Erhaltene Spottgedichte lassen darauf schließen, dass römische Frauen und Mädchen einen ähnlichen Starkult um die Gladiatoren und Wagenlenker veranstalteten wie heutige Groupies. Öffentliche Thermen und Bäder hatten entweder unterschiedliche Öffnungszeiten oder getrennte Räume für Frauen und Männer. Im Gegensatz zu den griechischen Sitten, wo sich die Hausfrau den Gästen ihres Mannes nicht zeigte, traten Frauen auch als Gastgeberinnen bei Festmählern auf. Beim Essen im Triclinium lagen die Frauen ursprünglich nicht auf Liegen, sondern saßen an der freien Tischseite auf Stühlen. Es wurde von ihnen erwartet, dass sie sich nicht in die Gespräche der Männer einmischten. Gingen die Männer nach der Mahlzeit zum Trinken über, verabschiedeten sich die anständigen Frauen. Bei offiziellen Festen feierten Männer und Frauen meist getrennt ... Im Gegensatz zu den griechischen Frauen, von denen ein in die Frauenräume zurückgezogenes Leben erwartet wurde, nahm die römische Frau am öffentlichen Leben teil. Am politischen Leben durften Frauen nicht teilnehmen: Sie konnten sich zwar öffentliche Reden von der Rostra auf dem Forum Romanum oder bei Gerichtsveranstaltungen anhören, waren aber nicht zum Comitium oder zur Curia zugelassen. (07.08.2015: https://de.wikipedia.org/wiki/Frauen_im_Alten_Rom)

Schrecken fürchtet. Das Verhalten von Sara war in keinem Gesetz befohlen worden, ergab sich aber selbstverständlich aus der damaligen Gesellschaft.

c) Die dritte Begründung ist eine kulturell-emotionale: es ist „schändlich", wenn eine Frau öffentlich redet. Was in einer Kultur Schande und was Ehre ist, wird in jeder Kultur anders interpretiert, wie schon die sehr unterschiedlichen Kleidersitten in unterschiedlichen Kulturen deutlich machen. Das heißt, das Schweigen der Frau bedeutet „ehrbares Verhalten" innerhalb der antiken römischen Kultur[36]. Es ist Ausdruck der Unterordnung unter den Mann. Die Form, das Schweigen, hat aber in unserer Kultur heute eine möglicherweise völlig andere Bedeutung. Das Gleiche gilt umgekehrt für das Reden der Frau: Niemand in der heutigen Kultur versteht das Reden einer Frau in der Öffentlichkeit als Aufbegehren gegen den Mann.

Alle drei Begründungen sind also deutlich zeitbezogen: Auf die Gewohnheiten der damaligen Gemeinden, auf die Gesetze der damaligen Gesellschaft und auf die ästhetischen Vorstellungen der damaligen Kultur. Inwiefern sind diese Aussagen für heute verbindlich? Gewohnheiten, Erwartungen und Ästhetik sind mit bestimmten Emotionen verbunden. Ein Mensch spürt normalerweise, wenn er die Konventionen einer Gesellschaft übertritt oder etwas tut, für das er sich schämen muss und vermeidet das. Als soziale Wesen gehen Menschen intuitiv den Weg, der anerkannt ist. Für Frauen in der Antike bedeutete das, in der Gemeinde zu schweigen. Das war gesellschaftlich anerkannt und gewünscht und frei von negativen Emotionen wie Scham. Paulus argumentiert gelegentlich mit den Wertevorstellungen der Gesellschaft[37] für ein angemessenes Verhalten in der Gemeinde.

---

[36] Korinth lag zwar in Griechenland, war aber vor allem von Römern besiedelt.

[37] So zum Beispiel in 1 Korinther 5,1, wo er die Schändlichkeit des Verhaltens eines Gemeindegliedes damit hervorhebt, dass dieses Verhalten selbst bei den Nichtchristen verachtet wird.

Der Kontext des Schweigegebots an die Frauen ist situationsbezogen, nämlich auf den chaotischen Gottesdienst der Korinther. Der unmittelbare Zusammenhang behandelt das Phänomen Prophetie im Besonderen, wobei Paulus vor allem einen verständlichen Ablauf will. Mittendrin (Prophetie ist vor und nach der Passage über Frauen das Thema) kommt Paulus auf die Frauen zu sprechen, was in jeder Hinsicht nahelegt, dass das Verhalten der Frauen wohl zu noch größerem Chaos beitrug. Dem gebietet Paulus Einhalt. Das geforderte Schweigen der Frauen hat demnach drei Zielrichtungen:

a) Frauen sollen sich so verhalten, dass Menschen der Gesellschaft, die einen Gottesdienst der Gemeinde besuchen, nicht befremdet oder sogar abgestoßen sind. Wenn das Verhalten der Frauen „unanständig" im Sinne der damaligen Kultur war, oder im Hinblick auf ihre Rollen „aufrührerisch" oder „unverschämt", dann war nicht mehr das Evangelium der Fokus der Gemeindeversammlung, sondern die kulturelle Provokation. Solche Anspielungen auf Anstand, Sitte und Kultur finden wir mehrere in 1 Korinther 11-14[38].

b) Frauen sollen sich so verhalten, dass ihre Männer nicht beschämt werden (1 Korinther 11,3.7). Gerade Verhalten, das mit Unzucht verwechselt werden kann, bringt Schande über die Ehemänner. Ihre Frauen beleidigen sie, indem

[38] 11,5 – Entehrung; 11,6 – Schande (schändlich); 11,10 – Engel [Dieser Begriff könnte himmlische Wesen meinen. Warum diese aber beim Gottesdienst anwesend und ansonsten „blind" für die Menschen sind, erklärt der Text nicht. Auch kein anderer neutestamentlicher Text legt nahe, dass Engel bei der Gemeinde in besonderer Weise anwesend sind. In der Offenbarung werden die „Engel der Gemeinde" in Kapitel 2 und 3 angesprochen. Nach Meinung vieler Ausleger handelt es sich hier aber nicht um himmlische Boten, sondern um die Leiter der Gemeinden. Das griechische Wort *angelos* bedeutet Bote, Botschafter, Engel. Für menschliche Boten wird es zum Beispiel in Jakobus 2,25 gebraucht. Es könnte sich also um Boten anderer Gemeinden halten, die nach Korinth kommen und über das Verhalten der Frauen schockiert sind, weil sie es nicht einordnen können] 11,13 – anständig; 11,14f – Schande; Natur (ein Terminus Technikus der Antike für Schöpfung und Kultur); Ehre; 11,16 – Gewohnheit der Gemeinden Gottes; 11,22 – beschämen; 14,23 – von Sinnen

sie anderen Männern schöne Augen machen oder sie sogar verführen.[39]

c) Frauen sollen das Chaos im korinthischen Gottesdienst nicht dadurch vergrößern, dass sie auch noch laut mitreden und Fragen stellen. Es war schon laut und heftig genug, da sich die Redner gegenseitig ins Wort fielen (1 Korinther 11,27-33). Wenn sich jetzt noch die Frauen einmischen, und sei es nur, um Fragen zu stellen, dann ist das Durcheinander perfekt. Da Rede- und Fragebeiträge von Frauen in der römischen Kultur ohnehin nicht vorgesehen und auch in der Kultur der neu entstandenen Gemeinden im römischen Reich nicht üblich waren, sollen sich Frauen einfach an ihre Kultur halten und schweigen.

Auffällig ist jedoch der Kontrast zu den Aussagen drei Kapitel vorher: Frauen dürfen nach 1 Korinther 11 prophetisch reden, wenn sie sich dabei angemessen, also respektvoll gegenüber den Männern verhalten. Wieso dann die Einschränkung in 1 Korinther 14? Manche deuten es so, dass Kapitel 11,2-16 einen anderen Zusammenhang behandelt als Kapitel 14. Kapitel 11 wäre dann zu einem Hauskreis gesprochen, oder, wie bei Armin Baum, zu einer eher progressiven Hausgemeinde, während Kapitel 14 eine eher konservative Hausgemeinde anspricht.

Nun gab es zur Zeit des Neuen Testamentes noch keine Gemeindegebäude. Gemeinden trafen sich immer in Privathäusern, manchmal in vielen Häusern innerhalb einer Stadt. Die Unterscheidung zwischen Hauskreis und Gesamtgemeinde macht also wenig Sinn. Eine entsprechende Andeutung findet sich in 1 Korinther 11,2-16 auch nicht. Das Reden der Frau ist da in Ordnung, wo sie durch die Art der Haare oder eine Kopfbedeckung ausdrückt, dass sie die Autorität

[39] Armin D. Baum, Paul's conflicting statements on female public speaking (1 Cor 10,5) and silence (1 Cor 14,34-35), in Tyndale Bulletin 65.2 (2014) 247-274, weist darauf hin, dass es Paulus vor allem um weibliche Keuschheit ging. Frauen sollten sich so verhalten, dass diese Keuschheit nicht in Frage gestellt wurde.

ihres Ehemannes akzeptiert. Dieser wiederum ist auch ihr Schutz, weil sie eben kein „Freiwild“ ist, sondern zu einem Mann gehört. Wenn also in 1 Korinther 11 eine Frau durchaus sprechen darf, dann kann 1 Korinther 14,34-35 nicht absolut gemeint sein. Die Situation, die angesprochen ist, ist die prophetische Rede und deren Beurteilung (1 Korinther 14,32.37). Die prophetische Rede ist ja nach 1 Korinther 11 einer Frau erlaubt, wird auch im Neuen Testament von Frauen praktiziert (Hanna im Tempel, die Töchter des Philippus). Es bleibt demnach die Beurteilung der prophetischen Rede als der eigentliche Zielpunkt des Schweigegebotes. Das würde insofern passen, als diese Beurteilung auch eine schwere Respektlosigkeit einem oder dem eigenen Mann gegenüber darstellen könnte. Diese Deutung vertritt zum Beispiel Eckhard Schnabel in seinem Korintherkommentar[40]. Die allgemeine Aussage in 1 Korinther 14,37, dass das, was Paulus gerade gesagt hat, ein Gebot des Herrn ist, spricht betont zu denen, die eine prophetische Gabe haben:

1 Korinther 14 [37] *Wenn jemand meint, ein Prophet oder sonst ein Geistbegabter zu sein, so erkenne er, dass das, was ich euch schreibe, ein Gebot des Herrn ist.*

Mit den Begriffen „Prophet“ und „Geistbegabter“ fasst Paulus noch mal die gesamten Erkenntnisse aus 1 Korinther 12-14 zusammen. Was ist dabei das Gebot des Herrn? Leider gibt es dazu keine näheren Erläuterungen und auch keine Hinweise aus den Reden Jesu in den Evangelien. Offensichtlich geht es aber um einen liebevollen Umgang (1 Korinther 13) und um Rücksicht aufeinander und vor allem auf fremde Gäste im Gottesdienst. Es bietet sich an, hier zum Beispiel an das Gebot Jesu zur Nächstenliebe zu denken oder auch an die Goldene Regel:

Matthäus 7 [12] *Alles nun, was ihr wollt, dass euch die Menschen tun sollen, das tut ihr ihnen auch! Denn darin besteht das Gesetz und die Propheten.*

---

[40] Eckhard Schnabel, Der erste Brief des Paulus an die Korinther (Brockhaus, 2006), S. 849: Wenn eine Frau im Gottesdienst betet oder prophezeit, bringt sie ihrem Mann keine Schande. Wenn sie jedoch mit kritischen Fragen die Echtheit seiner prophetischen Rede überprüft, dann bringt sie ihm sehr wohl Schande.

Für die Frauen in Korinth bedeutet das, rücksichtsvoll mit ihren Männern umzugehen und sie nicht öffentlich bloßzustellen oder zu beschämen.

Das Ziel insgesamt ist also der Respekt für den Ehemann und der Frieden im bzw. die Verständlichkeit des Gottesdienstes. Paulus urteilt, dass ein kulturell angemessenes Verhalten auch das Beste für den Gottesdienst ist. Wichtig ist die „Unterordnung". Diese muss für die Kultur passend ausgedrückt sein.

Unterordnung

Was die beiden Kapitel 1 Korinther 11 und 14 verbindet, ist die Zuordnung der Frau zum Mann. Kapitel 11 beginnt mit der Feststellung, dass der Mann das Haupt der Frau ist. Genau darin ist nach Epheser 5,21-23 die Unterordnung der Frau begründet. Wenn der Mann das Haupt ist, dann ist die angemessene Reaktion der Frau darauf die Unterordnung. Sowohl die Aufforderung, ihr Haupt zu bedecken als auch zu schweigen, beziehen sich auf das gleiche Thema Unterordnung. Wieso sollten die Frauen in den korinthischen Gemeinden ein Problem mit Unterordnung haben, wenn diese sowohl in der Gesellschaft als auch in den Gemeinden als richtig und angemessen verstanden wurde? Manche Andeutungen im 1 Korintherbrief weisen auf ein theologisches Problem hin: Durch den Einfluss griechischer Philosophie wurde der Zusammenhang von Körper und Geist aufgelöst. Wenn alles auf den Geist ankommt und der Körper keine Rolle mehr spielt, dann kann man auch zur Tempelprostituierten gehen, ohne dass das Geistliche Schaden nimmt, oder? Paulus hält dagegen, dass gerade unser Körper ein Tempel des Heiligen Geistes ist (1 Korinther 6,12-20). Umgekehrt übten sich möglicherweise manche Korinther in Askese und kämpften gegen den Körper. Dazu könnte passen, dass Paulus Ehemänner und -frauen ermahnt, sich nicht dem anderen sexuell zu entziehen (1 Korinther 7,4-5). Ein Ehepartner kann nicht grundsätzlich aus „geistlichen" Gründen die körperliche Nähe verweigern.

Diese Entfremdung vom Körper könnte auch der Grund sein, dass für einige Frauen in der korinthischen Gemeinde die Weiblichkeit ihres Körpers keine Rolle mehr spielt. Sie sind „frei" davon. Als Ergebnis verhalten sie sich wie Männer.

Paulus kämpft mit dem Begriff „Unterordnung" also nicht nur gegen eine gewisse Unordnung in der Gemeinde, sondern auch für die Bejahung von Mann- und Frausein. Die Versuche einiger moderner Feministinnen, die Gleichberechtigung von Mann und Frau über die Infragestellung der körperlichen Bedeutung von männlich und weiblich herzustellen, gehen möglicherweise in die gleiche Richtung wie die Irrlehre in Korinth: Gender Mainstreaming bestreitet, dass der Körper eine wirkliche Rolle für das Verhalten von Mann und Frau spiele. Die Folgen sind in beiden Fällen, Philosphie in Korinth und Gender Mainstreaming heute, die gleichen: Die körperliche Festlegung auf Mann und Frau wird verachtet, damit Frauen in körperloser Freiheit ihre Rollen selber wählen können.

Fazit

Die Frage des Verhaltens von Männern und Frauen in der Gemeinschaft entscheidet sich daran, ob es zum Frieden bzw. Wohl der Gemeinschaft beiträgt. Dieser Frieden hängt daran, dass vor allem die Ehefrauen ihren Männern Unterordnung erweisen. Wie diese Unterordnung ausgedrückt wird, gibt die „Sprache" einer Kultur vor. In der Antike war das „Schweigen" in Bezug auf die öffentliche Beurteilung der eigenen Männer und vielleicht auch von Männern überhaupt auf jeden Fall ein angemessener Ausdruck von Unterordnung. Heute müssen sich Gemeinden neu fragen: Wie finden Männer und Frauen gemeinsam Formen, die ein versöhntes Miteinander und gegenseitige Annahme im Respekt voreinander ausdrückt? Wie kann eine Gemeinde Frieden miteinander leben, der einladend ist und fremden Gästen die Freundlichkeit Gottes vor Augen malt? Wie können Frauen ihren Männern gegenüber Respekt oder Unterordnung ausdrücken, wie können Männer ihren Frauen gegenüber Liebe und Fürsorge ausdrücken?

3.6 Lehrverbot für Frauen: 1 Timotheus 2,12

1 Timotheus 2, [11] *Eine Frau lerne in der Stille in aller Unterordnung.* [12] *Ich erlaube aber einer Frau nicht zu lehren, auch nicht über den Mann zu herrschen, sondern ich will, dass sie sich in der Stille halte,* [13] *denn Adam wurde zuerst gebildet, danach Eva;* [14] *und Adam wurde nicht betrogen, die Frau aber wurde betrogen und fiel in Übertretung.* [15] *Sie wird aber durch das Kindergebären hindurch gerettet werden, wenn sie bleiben in Glauben und Liebe und Heiligkeit mit Sittsamkeit.*

Im Unterschied zum Schweigegebot für Frauen in 1 Korinther 14,34-35 argumentiert Paulus im Brief an Timotheus ausdrücklich mit der Schöpfung und dem Sündenfall, also 1 Mose 1-3. Das verleiht der Aussage in diesem Brief ein besonderes Gewicht. Andererseits fällt auf, dass Paulus die praktische Ableitung aus seinem Verständnis von 1 Mose 1-3 nicht etwa mit „So will es der Herr" oder „Das ist der Wille Gottes" beginnt, sondern mit seinem eigenen Willen: „Ich erlaube ... nicht". Der Umstand, dass Adam zuerst geschaffen, die Frau aber zuerst betrogen wurde, ist eine Auslegung des Alten Testamentes, die als inspiriertes Wort Gottes und aus der Feder eines studierten Spezialisten wie Paulus hundertprozentig ernst genommen werden muss. Die Anwendung dieser Auslegung, nämlich dass die Frau nicht über den Mann herrsche, indem sie auf Lehren verzichtet und sich in der Stille halte, ist jedoch eine praktische Schlussfolgerung, die eben nicht aus 1 Mose 1-3 abzuleiten ist. Hier spricht Paulus davon, wie er das für die Situation in Ephesus, wo Timotheus stationiert ist, praktisch umgesetzt haben will. Anhand der Sprache in 1 Timotheus 2 als auch des Zusammenhangs im Brief und im Neuen Testament überhaupt ist zu prüfen, ob diese praktischen Schlussfolgerungen situationsbedingt oder allgemeingültig zu verstehen sind.

Gliederung 1 Timotheus 2, 11-15

1. Vers 11: Anweisung zum Lernen in der Stille und in aller Unterordnung

2. Verse 12-14: Erläuterung und Begründung dieser Anweisung

   2.1. Paulus erläutert, was genau er will: Kein Lehren und Herrschen über den Mann

   2.2. Paulus nennt zwei Gründe für seinen Willen:

      2.2.1. Adam ist der Erst-Geschaffene

      2.2.2. Eva wurde verführt

3. Vers 15: Verheißung von Rettung für Frauen mit Kindern

Lehrverbot

2 11 *Eine Frau lerne in der Stille in aller Unterordnung.*

Mit der geforderten „Stille" wird ein Verhalten beschrieben, das nicht zu Störungen führt (Vergleiche dazu Apostelgeschichte 22,2 und 2 Thessalonicher 3,12). Sowohl die Passage in 1 Korinther 14,34 als auch die in 1 Timotheus 2,12 und auch in 1 Petrus 3,1-6 verbinden die Stille bzw. das Schweigen mit Unterordnung oder dem Verzicht darauf, über den Mann zu herrschen:

1 Korinther 14,34	1 Timotheus 2,11-12	1 Petrus 3,1-6
... sollen die Frauen in den Gemeinden schweigen, denn es wird ihnen nicht erlaubt, zu reden, sondern sie sollen sich unterordnen, wie auch das Gesetz sagt.	Eine Frau lerne in der Stille in aller Unterordnung. Ich erlaube aber einer Frau nicht zu lehren, auch nicht über den Mann zu herrschen, sondern ich will, dass sie sich in der Stille halte,	ihr Frauen, ordnet euch den eigenen Männern unter, damit sie, wenn auch einige dem Wort nicht gehorchen, ohne Wort durch den Wandel der Frauen gewonnen werden, ... 3 Euer Schmuck sei ... 4 der verborgene Mensch des Herzens im unvergänglichen Schmuck des sanften und stillen Geistes, der vor Gott sehr köstlich ist.

Es geht also nicht um die Frage, ob eine Frau reden darf oder nicht, sondern vielmehr, ob ihr Reden ein Signal von Herrschaft oder mangelnder Unterordnung ist.[41] Das heißt, das Reden oder Lehren der Frau ist dann ein Problem, wenn es als Zeichen mangelnder Unterordnung verstanden werden kann. Die Gründe für ein solches Verständnis vom Reden der Frau können sehr unterschiedlich sein:

a. Vielleicht geht es um **Lehrentscheidungen**, durch die die Gemeinde in eine bestimmte Richtung geführt wird.

b. Vielleicht geht es um die im 1 Timotheus angesprochenen **Irrlehren** (Heiratsverbot und Speiseverbot in 1 Timotheus 4,3; okkulte Praktiken in 4,1, Fabeln, die nicht hilfreich sind in 4,7; Hausbesuche der jüngeren Frauen, die Witwen sind in 5,14, verbunden mit okkulten Praktiken in 5,15; Gnosis in 6,20), die möglicherweise durch Frauen verbreitet wurden. Die Angst des Timotheus, die Paulus mehrmals anspricht (1 Timotheus 4,12 und 2 Timotheus 1,7), war vielleicht auch die Angst vor einflussreichen Frauen in der Gemeinde. Haarflechten, Gold, Perlen und kostbare Kleidung in 1 Timotheus 2,9 sind eine Anspielung auf eine Schicht reicher und mächtiger Frauen. Diese konnten als Angehörige der Oberschicht vieles beeinflussen, was in der Gemeinde geschah. Timotheus hätte ihnen spätestens da entgegentreten müssen, wo sie Irrlehren verbreiten. Wenn das so war, dann ist das radikale Verbot des Paulus eine echte Schützenhilfe für Timotheus, der sich nun auf Paulus berufen und einfach generell das Lehren der Frauen verbieten kann.

c. Vielleicht geht es um das Reden in der **Öffentlichkeit** an sich, wenn Männer anwesend sind, weil es als schändlich angesehen wird (vergleiche 1 Korinther 14,35).

---

[41] Christoph Stenschke gab mir den Hinweis, dass bei gepaarten Verbformen im Infinitiv, die durch eine „weder-noch“ Konstruktion miteinander verbunden sind, die sprachliche Stilfigur des sog. Hendiadyoin („eins durch zwei“) vorliegt. Diese Stilfigur kommt auch an anderer Stelle im Brief und im übrigen Neuen Testament vor. Es ist davon auszugehen, dass Paulus mit beiden Begriffen nicht unterschiedliche Aktivitäten im Blick hat, sondern zwei Begriffe verwendet, die zusammen das eine Konzept der autoritativen Lehre ausdrücken.

d. Vielleicht geht es um das Verhältnis zum eigenen **Ehemann**, der durch das Reden der Frau bloßgestellt wird.

e. Vielleicht geht es um die Verbindung zwischen Lehren und einem bestimmten **Amt**.[42]

Da im Zusammenhang des gesamten Neuen Testamentes Frauen durchaus reden und auch lehren[43], ist ein einfaches generelles Lehrverbot für Frauen hier nicht abzuleiten. Ein direkter Einwand gegen ein absolutes Lehrverbot für Frauen folgt bei Paulus gleich „zwei Briefe später", nämlich in Titus 2,3, wo Paulus die älteren Frauen ausdrücklich dazu auffordert, Lehrerinnen zu sein, nämlich für die jüngeren Frauen.

Was aber bedeuten die beiden Begründungen aus der Schöpfungs- und Versuchungsgeschichte, das Erstgeburtsrecht und der Betrug der Schlange an Eva?

Erstgeburtsrecht

13 denn Adam wurde zuerst gebildet, danach Eva;

Diese Aussage zielt auf das alttestamentliche Erstgeburtsrecht ab, das dem Erstgeborenen ein größeres Erbe und mehr Verantwortung zusprach als den später geborenen Geschwistern. Kaum jemand würde

---

[42] Vom Zusammenhang her ist wahrscheinlich an eine bestimmte Art von autoritativem Lehren gedacht. In 1 Timotheus 3,2 (im unmittelbar folgenden Abschnitt des Briefs) fordert Paulus, dass ein Aufseher (Episkopos, von manchen auch als „Bischof" übersetzt) zur Lehre befähigt sein muss (die besonders kennzeichnende Funktion im Unterschied zu den danach erwähnten Diakonen). Hier taucht die Kombination von Autorität und Lehre wieder auf.Auch in 1 Timotheus 5,17 spricht er davon, dass die Aufseher lehren und Autorität ausüben. Christoph Stenschke hält für wahrscheinlich, dass Paulus in 1 Timotheus 2,12 Frauen in einer (und nur in einer) Funktion Einschränkungen auferlegt: sie dürfen kein Aufseheramt bekleiden, da dies untrennbar mit autoritativer Lehre verbunden ist. Anderweitig dürfen Frauen lehren.

[43] Nähere Hinweise bei C. Blomberg, „Neither Hierarchicalist Nor Egalitarian: Gender Roles in Paul", in S. E. Porter (Hrsg.), Paul and His Theology, Pauline Studies 3 (Leiden: Brill, 2006), 318.

heute dem Umstand, dass jemand zuerst geboren ist, eine juristische Bedeutung im Sinne von Vorrang oder Vorrecht geben. Im deutschen Erbrecht werden alle Kinder gleich gehalten, egal, in welcher Reihenfolge sie mit ihren Geschwistern stehen. Das war allerdings in der Antike nicht so, und deshalb hat das Argument von Paulus in zweifacher Hinsicht Gewicht:

a. Paulus ist Jude und Schriftgelehrter und kulturell viel näher an der Zeit und Kultur der Bibel als wir heute. Seine Auslegung in Zweifel zu ziehen, weil wir heute anders denken, ist eine unzulässige Übertragung unserer heutigen und deutschen kulturellen Vorstellung zurück in die Zeit der Bibel. Im Zweifelsfall wird Paulus besser wissen, wie Texte zu deuten sind, als wir.

b. Auch wenn diese Argumentation in unserem kulturellen Kontext und für unser Rechtsverständnis ungewöhnlich ist, war sie im frühjüdischen Milieu des Paulus und seiner Leser völlig nachvollziehbar. Dort war anerkannt, dass der erstgeborene Sohn einen doppelten Anteil am Erbe bekam. Dass das Alte Testament selbst einige wichtige Ausnahmen dieses Prinzips kennt (etwa Ismael, Esau, Manasse), ist bedeutsam, gerade weil es sich um Ausnahmen handelt und nicht um die Regel[44]. Paulus argumentiert hier nicht, dass „zuerst geschaffen" immer mit einem Vorrecht verbunden ist, sondern dass das Prinzip auf die Schaffung Adams und Evas zutrifft.

Das Erstgeburtsrecht war Vorrecht und Verpflichtung zugleich. Auf der Website „juedisches-recht.de" wird das folgendermaßen beschrieben: „*Der Erstgeborene sollte das Familienoberhaupt nach dessen Tod ersetzen, um die Einheit der Familie zu erhalten. Sein Doppelanteil sollte somit für ihn eine Entschädigung für die ihm obliegenden Pflichten bedeuten. Zu diesen Pflichten gehörte wohl vor allem auch die Sorge für die*

[44] Diesen Hinweis erhielt ich von Christoph Stenschke.

Witwe und für die unmündigen Kinder. Im Talmud (b. B. B. 124a) wird die Ansicht vertreten, dass der Erstgeborene auch einen doppelten Teil zu der Zahlung der Schulden des väterlichen Nachlasses beizutragen hat. Bei Vernachlässigung dieser Pflichten oder bei allgemeiner Disqualifizierung ging der Erstgeborene seines Vorzugsrechts verlustig (I Chr 5,1)."[45]

Diese Mischung aus der Bereitschaft, Verantwortung zu tragen und Entscheidungen zum Wohle der Familie zu fällen, wird auch in Passagen wie Epheser 5,21-33 für das Verhältnis zwischen Ehepartnern deutlich: Der Mann soll einerseits die Anerkennung als Haupt vonseiten der Frau bekommen, sich andererseits aber um seine Frau liebevoll und fürsorglich kümmern. Das Erstgeburtsrecht ist also keine Benachteiligung der später geborenen Geschwister, sondern ein System der sozialen Absicherung der Großfamilie.

Schließlich führt das Erstgeboren-Sein Adams zur Zuordnung von Mann und Frau, wie sie in 1 Mose 2 beschrieben ist: Die Frau wird Adam als Hilfe geschaffen. Das bedeutet nicht einen Rang oder eine Über- oder Unterordnung. Es macht aber klar, dass Mann und Frau in einer bestimmten Weise einander zugeordnet sind.

Der Betrug der Schlange an Eva

[14] und Adam wurde nicht betrogen, die Frau aber wurde betrogen und fiel in Übertretung.

Diese Aussage ist noch schwerer zu begreifen als die über Schöpfungsreihenfolge. Immerhin ist es Paulus selbst, der in Römer 5,12ff Adam als den Beginn der Sünde in dieser Welt darstellt. Das muss kein Widerspruch zu 1 Timotheus 2,14 sein, denn die Tatsache, dass Adam gesündigt hatte, ist nicht automatisch gleich mit dem Betrogen-Werden von Eva.

Das griechische Wort für „betrogen" findet sich in der griechischen Version des Alten Testaments wieder, der Septuaginta. Die Frau be-

[45] http://www.juedisches-recht.de/lex_fam_erstgeburtsrecht.php 24.07.2018

nutzt es in 1 Mose 3,13 als Antwort auf die Frage Gottes, warum sie von der verbotenen Frucht genommen habe: *„Ich wurde von der Schlange betrogen ...“* Adam gibt diese Antwort nicht. Der Hinweis des Paulus auf das Betrogen-Werden der Frau entspricht also dem Wortlaut von 1 Mose 3,13.[46] Adam wurde von seiner Frau nicht betrogen. Sie erzählte ihm keine Lügen und zwang ihn auch nicht dazu, die Frucht zu nehmen. Er scheint einfach nur seinen Verstand abgeschaltet zu haben und folgt der Aufforderung seiner Frau. Was aber war genau der Fehler von Eva im Unterschied zu Adam? Beide sind ja schuldig geworden, beide tragen auch die Konsequenzen.

Diese Frage lässt sich nun wiederum genau mit der Vorstellung von der höheren Verantwortung des Erstgeborenen beantworten: Adam hätte Nein sagen müssen zu Eva, denn er kannte das Gebot Gottes (1 Mose 3,17). Er war der *Erstgeborene*, er hatte die Verantwortung und hat sie nicht wahrgenommen. Deshalb ist er das eigentliche Einfallstor der Sünde mit all ihren schrecklichen Konsequenzen. Eva wurde von der Schlange angesprochen und hätte weder eine Entscheidung gegen Gott noch ohne Adam treffen dürfen. Adam war es ja, der ihr das Gebot Gottes erzählt hatte. Das zu ignorieren und der Schlange nachzugeben, war die Fehlentscheidung Evas. Sie hat sich verführen lassen, Gottes Gebot als Täuschung und Gott selbst als nicht vertrauenswürdig zu sehen. Dass sie dann auch noch Adam auffordert, es genauso zu machen, führt zu dem Entschluss Gottes, sie in 1 Mose 3,16, ähnlich wie die Schlange, mit Gewalt unter diese Ordnung zurückzu stoßen. Eva wird damit „doppelt“ bestraft: So wie bei Adam besteht ihre Strafe darin, dass die Quelle des Lebens gleichzeitig zur Not wird. Bei ihr ist das die Schwangerschaft, bei Adam der Acker. Zusätzlich aber wird sie so wie die Schlange jetzt gewaltsam in eine Ordnung gezwängt, die vorher weder ein Thema noch ein Problem war: *... er aber wird über dich herrschen.* (1 Mose 3,16) Diese doppelte Strafe resultiert aus einem doppeltem Fehltritt: Auf der einen Seite hat sie den Rat der Schlange angenommen und sich betrügen lassen, auf der anderen Seite hat sie ihren Mann überredet, dabei mitzumachen.

[46] Diese Hinweise verdanke ich Manuel Lüling, der dieses Skript zusammen mit Andreas Baer lektoriert hat.

Adam hat dann seine Verantwortung nicht wahrgenommen und einfach mitgespielt. Er ist der Letztverantwortliche, Eva ist diejenige, die einem Tier mehr Glauben schenkte als Gott. Hier sei noch mal an die Grafik im Abschnitt über 1 Mose 1-3 erinnert:

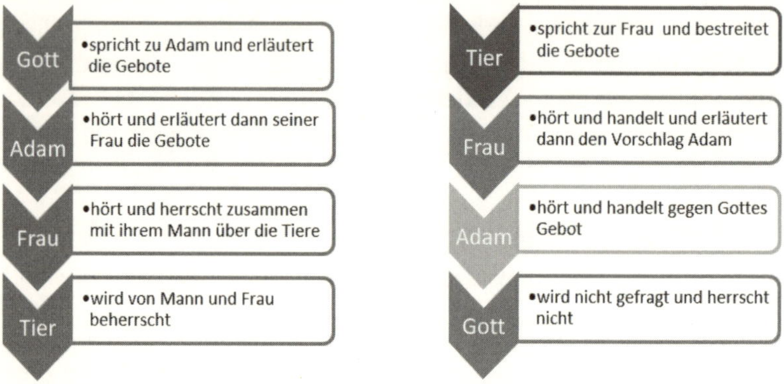

Paulus argumentiert in 1 Timotheus 2 gegen das Herrschen der Frau über den Mann. Was die Frau getan hatte, hatte die Ordnung auf den Kopf gestellt. Das Gebot erging nicht mehr von Gott über den Mann zur Frau zu den Tieren, sondern nun von dem Tier, der Schlange, über die Frau zum Mann. In den Strafen für diese „Unordnung" stellt Gott mit Gewalt die alte Ordnung wieder her, indem er das Tier, die Schlange, unter alle Tiere zwingt, nämlich auf den Boden, kriechend, Staub fressend, und die Frau unter ihren Mann zwingt (1 Mose 3,16).

Der Zusammenhang von „nicht herrschen" und „Eva wurde verführt" lässt sich durch diesen Gedankengang erst richtig herstellen. Damit wird die Verführung von Eva auch erst zu einem gewichtigen Argument, das nichts mit geringerer Intelligenz, größerer Emotionalität, leichterer Verführbarkeit oder Ähnlichem zu tun hat, sondern vor allem mit der Ordnung, die Gott selbst in der Schöpfung angelegt hat. Somit wird auch die Verführung von Eva und die Erstgeburt des Mannes zu einem einzigen Argument: Die Ordnung soll vom Kopf wieder auf die Füße gestellt werden.

Das Beunruhigende an diesen Gedanken ist vielleicht, dass es nicht unbedingt weise scheint, manchen Männern biblisch zu bescheinigen, dass sie eine Vorrangstellung haben. Machtmissbrauch, Eitelkeit, Statusgehabe und völlige Gleichgültigkeit gegenüber den Bedürfnissen von Frauen in Ehe und Gemeinde lässt es klüger scheinen, den Männern die Vorrangstellung besser nicht zuzusprechen. Dieses Problem gibt es schon im Alten Testament: Die Bevorzugung von Jakob durch seine Mutter Rebekka, die im Zuge dieser Bevorzugung sogar den eigenen Ehemann täuscht, wird letztlich doch von Gott gesegnet, weil es die richtige Entscheidung war, während Isaaks Entscheidung für Esau falsch war (1 Mose 27-28). Abigajil rettet ihrem dummen Mann das Leben, indem sie Initiative ergreift und gegen seinen ausdrücklichen Befehl David zu Essen bringt (1 Samuel 25). Gott segnet das. Es ließen sich sicher noch mehr Beispiele dieser Art finden. Für Frauen ist die Vorrangstellung des Mannes oft ein Problem, weil die Männer gerne ihre vorrangigen Rechte betonen, nicht so sehr aber die Pflichten und damit ihre Verantwortung, für ihre Frau so da zu sein, dass sie sich geliebt und versorgt weiß (Epheser 5,28-29).

Wenn Paulus in diese doppelte Verantwortung von Mann und Frau zurückruft, nämlich dass die Männer ihre Verantwortung wahrnehmen und Frauen diesen Männern mit Achtung den Rücken stärken, dann hat er das Wohl beider im Blick.

Wie schon festgehalten, ist dabei nicht eindeutig zu klären, in welcher Weise welche Art von Lehren die bösen Erinnerungen an den Sündenfall wachrufen. Der dreimalige Hinweis auf okkulte Praktiken[47] könnte die Verbindung zum Sündenfall sein, der ja direkt mit dem Verführer, dem Teufel, zu tun hatte. Zwei Mal ist dieser Hinweis direkt mit „Frauen“ verbunden: „Altweiber-Fabeln“ (4,7: *graodäs* meint tatsächlich „nach Art älterer Frauen“) und „dem Satan nach“ (5,15).

Zwei Ableitungen sind bis hierhin möglich:

a. Die Ordnung aus 1 Mose 1-2 bleibt auch im Neuen Bund unter Jesus Christus gültig. Das heißt, man wird als christli-

[47] 1 Timotheus 4,1; 4,7; 5,15

che Gemeinde nicht umhin kommen, zu überlegen, wie diese Ordnung gelebt und sogar gefördert werden kann.

b. Die Form, in der diese Ordnung ausgedrückt wird, ist sowohl situations- als auch kulturabhängig. Das wird unmittelbar im dieser Passage folgenden Vers deutlich:

Rettung durch Gebären?

1 Timotheus 2 [15] *Sie wird aber durch das Kindergebären hindurch gerettet werden, wenn sie bleiben in Glauben und Liebe und Heiligkeit mit Sittsamkeit.*

Kindergebären ist vollkommen situationsabhängig, nämlich von Ehe, Schwangerschaft/Fruchtbarkeit und Berufung – Paulus selbst rät in 1 Korinther 7, dass Frauen unter bestimmten Umständen lieber ledig bleiben sollten (7,8.34). Wenn 1 Timotheus 2,15 also die positive Form ist, in der Frauen ihre Nachfolge von Jesus Christus leben können und sollen, dann ist das offensichtlich selbst für Paulus eine situationsbedingte Anweisung. Sie macht Müttern sehr viel Mut, dass Kinder das geistliche Leben und die Berufung nicht durchkreuzen, sondern selbst die Berufung sind. Sie ist aber nicht absolut zu verstehen, in einer Weise, der alle Single-Frauen, Unfruchtbaren, zum geistlichen Dienst Berufenen und aus was für Gründen auch immer Nicht-Mütter-Seienden geistlich vollkommen frustrieren würde. Die Situation, die Paulus vor Augen haben könnte, ist die einer Gruppe junger, reicher Witwen, die aus Langeweile okkulte Praktiken üben und mittels ständiger Hausbesuche ihre daraus abgeleiteten Irrlehren verbreiten (1 Timotheus 5,9-15). Weil das in Ephesus offensichtlich großes Durcheinander stiftet, und weil Timotheus selbst überfordert scheint und dabei ungewollt falsche Lehren fördert, gibt Paulus eine rigorose Anweisung, um diesem Treiben ein Ende zu setzen: Die jungen Witwen sollen sich nicht von der Gemeinde versorgen lassen, sondern wieder heiraten, Kinder bekommen und sich um diese kümmern (1 Timotheus 5,14-15).

Allgemeingültige oder situationsbezogene Aussagen

Es finden sich in 1 Timotheus 2 deutlich situationsbezogene Formulierungen, gemischt mit allgemeingültigen Auslegungen des Alten Testaments. Dazu gehört schon in Vers 8 das „ich will“ von Paulus. Keines der allgemeinen Gebote Gottes bzw. Jesu wird bei Paulus mit „ich will“ eingeleitet. Der Begriff „wollen“ kommt im Neuen Testament 37 Mal vor und bezeichnet niemals die Anweisung eines Gebotes oder Gesetzes. Immer geht es um situationsbedingte Aussagen. Wenn Gott „will“, dann bezieht sich das auf Seine Souveränität, zu entscheiden, welchem Menschen er sich offenbaren „will“ oder auch ob er den Weg Seines Sohnes Jesus Christus so zulassen „will“.[48]

Eine weitere situationsbedingte Formulierung ist „ich gestatte nicht“ (1 Timotheus 2,12). Auch diese Formulierung bezieht sich immer auf eine situationsbedingte Aussage. Sie wird nirgendwo im Neuen Testament oder auch im griechischen Text des Alten Testamentes für die Begründung von Geboten Gottes gebraucht.[49] Allerdings interpretiert Jesus eines der Gebote des Alten Testamentes mit diesem Wort. In Matthäus 19,8 heißt es: *„Mose hat euch erlaubt, euch von euren Frauen zu scheiden wegen eurer Herzenshärtigkeit; von Anfang an aber ist es nicht so gewesen.“* Jesus benutzt also das „gestatten“ *(epitrepo)* als Interpretation für ein Gesetz, um damit zu verdeutlichen, dass dieses Gesetz eigentlich nicht den Willen Gottes vollkommen widerspiegelte, sondern eher die Barmherzigkeit des Moses mit Menschen, die ansonsten mit Gottes Ansprüchen überfordert wären. Das heißt, Jesus verwendet dieses Wort, um deutlich zu machen, dass das Gebot über Scheidung im Alten Testament „situationsbedingt entschärft“ worden war.

---

[48] Vorkommen von „wollen“ (*boulomai*) im Neuen Testament: Matthäus 1,19; 11,27; Markus 15,15; Lukas 10,22; 22,42; Johannes 18,39; Apostelgeschichte 5,28.33; 12,4; 15,37; 17,20; 18,15.27; 19,30; 22,30; 23,28; 25,20.22; 27,43; 28,18; 1 Korinther 12,11; 2 Korinther 1,15.17; Philipper 1,12; 1 Timotheus 2,8; 5,14; 6,9; Titus 3,8; Philemon 1,13; Hebräer 6,17; Jakobus 1,18; 3,4; 4,4; 2 Petrus 3,9; 2 Johannes 1,12; 3 Johannes 1,10; Judas 1,5

[49] Vorkommen in der Septuaginta, der griechischen Version des Alten Testamentes: Genesis 39,6; Esther 9,14; 1 Makkabäer 15,6; 4 Makkabäer 4,17.18.26; Hiob 32,14; Weisheit 19,2

Auch alle weiteren Vorkommen von „gestatten" im Neuen Testament sind situationsbezogen.[50] Es bleiben nur zwei Texte, wo sich das nicht sofort erschließt, wenn einem der sonstige Gebrauch dieses Wortes fremd ist: 1 Korinther 14,34 und 1 Timotheus 2,12, also die beiden Passagen, in denen Paulus den Frauen weder das Reden noch das Lehren gestattet. Es gibt keinen Anlass, für diese beiden Texte anzunehmen, dass *epitrepo* hier anders als in allen anderen Texten nicht situationsbedingt verstanden werden könnte. Der Begriff vermittelt nicht die Idee einer allgemeingültigen, absoluten Anweisung.

Das wird übrigens auch von Auslegern so gesehen, die die beiden Begriffe „ich will" und „ich gestatte" deutlich mehr als Gebot verstehen. Bei der Aufforderung in 1 Timotheus 2,8, *„ich will, dass die Männer an allen Orten heilige Hände heben ..."*, wird genau diese praktische Anweisung oft als situations- oder kulturbedingt verstanden und eben nicht ausgeübt. Die Inhalte jedoch, *„ohne Zorn und zweifelnde Überlegung"*, werden als allgemeingültig verstanden. So trennen auch solche Ausleger zwischen einem situationsbezogenen Teil des Textes und einem allgemeingültigen.

Fazit

Ähnlich wie in 1 Korinther 14,34-35 ist auch hier der Gedanke der Unterordnung vorrangig. Das Lehrverbot bzw. Schweigegebot wird durch das *„Ich gestatte nicht ..."* des Paulus begründet, nicht durch die von ihm angeführten Texte aus 1 Mose. Das bedeutet, auch hier muss eine Gemeinde neu entscheiden, wie die Ordnung, die aus der Schöpfung zwischen Mann und Frau erkennbar ist, in heutiger Zeit gelebt und dargestellt werden kann.

---

[50] Die weiteren Vorkommen von „gestatten" im Neuen Testament sind: Matthäus 8,21; 19,8; Markus 5,13; 10,4; Lukas 8,32; 9,59.61; Johannes 19,38; Apostelgeschichte 21,39.40; 26,1; 27,3; 28,16; 1 Korinther 14,34; 16,7; 1 Timotheus 2,12; Hebräer 6,3

3.7 Männer und Frauen folgen Christus: Epheser 5,21-33

Gilt das auch für die Gemeinde, oder nur für die Ehe?

Paulus schreibt Epheser 5,21-33 offensichtlich an Ehepaare. Hier geht es nicht um Gottesdienste der Gemeinde. Allerdings ordnet Paulus das Verhältnis zwischen Mann und Frau so grundsätzlich und von Christus her, dass eine christliche Gemeinde diesen Ansatz zumindest deutlich unterstützen sollte. Die Rollenvorbilder und Beispiele für den Umgang zwischen Mann und Frau in der Ehe lebt die Gemeinde im Umgang mit Männern und Frauen vor: Frauen erleben in der Gemeinde Wertschätzung und Fürsorge, Männer erleben in der Gemeinde Achtung und Unterstützung. Wie sich das konkret zeigt, muss eine Gemeinde für ihre Situation und Kultur übersetzen.

Umgekehrt wirkt die Gemeinde aber auch korrigierend auf das Rollenverhalten von Männern und Frauen ein. Rollen werden stark von Erfahrungen in der Familie geprägt. Wenn diese Erfahrungen in eine schwierige Richtung drängen, dann muss die Gemeinde helfen und ermahnen. Ganz offensichtlich und ohne Diskussion ist das zum Beispiel der Fall bei der Anwendung von körperlicher Gewalt in Ehe und Familie. Hier darf die Gemeinde nicht schweigen und muss eine solche Familie begleiten, damit Gewalt beendet wird. Männer und Frauen, die Durchsetzung mithilfe von körperlicher, psychischer oder sozialer Gewalt gelernt haben, werden in die Gemeinde einen Stil tragen, der schädlich und verletzend ist. Auch das kann eine Gemeinde nicht hinnehmen und muss auf diese Ehe und Familie einwirken. Ehe und Familie lassen sich also nicht künstlich von Gemeinde trennen. Die Gemeinde kann sich der Aufgabe, Männer, Frauen und Familien im biblischen Sinne zu prägen, nicht entziehen. Der Auftritt von Männern und Frauen in der Gemeinde vermittelt dem Einzelnen eine Vorstellung davon, wie beide miteinander umgehen können. Schließlich ist gerade die von Jesus Christus her geordnete Beziehung zwischen Mann und Frau eines der stärksten Zeugnisse für die Kraft der Liebe Gottes.

Es macht also sehr viel Sinn, Männern und Frauen in der Gemeinde anhand von Epheser 5 zu helfen, so miteinander umzugehen, wie Jesus Christus uns das vorgelebt hat.

Epheser 5 [21] *Ordnet euch einander unter in der Furcht Christi,* [22] *die Frauen den eigenen Männern als dem Herrn!* [23] *Denn der Mann ist das Haupt der Frau, wie auch der Christus das Haupt der Gemeinde ist, er als der Heiland des Leibes.* [24] *Wie aber die Gemeinde sich dem Christus unterordnet, so auch die Frauen den Männern in allem.* [25] *Ihr Männer, liebt eure Frauen! wie auch der Christus die Gemeinde geliebt und sich selbst für sie hingegeben hat,* [26] *um sie zu heiligen, sie reinigend durch das Wasserbad im Wort,* [27] *damit er die Gemeinde sich selbst verherrlicht darstellte, die nicht Flecken oder Runzel oder etwas dergleichen habe, sondern dass sie heilig und tadellos sei.* [28] *So sind auch die Männer schuldig, ihre Frauen zu lieben wie ihre eigenen Leiber. Wer seine Frau liebt, liebt sich selbst.* [29] *Denn niemand hat jemals sein eigenes Fleisch gehasst, sondern er nährt und pflegt es, wie auch der Christus die Gemeinde.* [30] *Denn wir sind Glieder seines Leibes.* [31] *«Deswegen wird ein Mensch Vater und Mutter verlassen und seiner Frau anhängen, und die zwei werden ein Fleisch sein.»* [32] *Dieses Geheimnis ist groß, ich aber deute es auf Christus und die Gemeinde.* [33] *Jedenfalls auch ihr – jeder von euch liebe seine Frau so wie sich selbst; die Frau aber, dass sie Ehrfurcht vor dem Mann habe!*

Überraschend beginnt Paulus mit der Aufforderung zur gegenseitigen Unterordnung (21). Die Struktur des gesamten Abschnitts von Epheser 5,18 (*werdet voll Geistes*) bis 6,9 lässt unterschiedliche Deutungen zu. Die eine Deutung ist, dass die Aufforderung zur Unterordnung zwar mehrere Personen meint, von den im Folgenden genannten dann aber doch nur die Frauen (5,22), die Kinder (gegenüber ihren Eltern; 6,1) und die Sklaven (gegenüber ihren Herren; 6,5). Eine andere Deutung addiert aufgrund der gleichen grammatischen Konstruktion auch die Ehemänner (5,25) und die Herren der Sklaven (6,9) in die Liste der Personen, die sich unterordnen. So oder so macht der Text deutlich, dass jeder seinen Teil zu einer Beziehung beiträgt. Wenn tatsächlich alle Personengruppen und damit neben den Frauen auch alle Männer zur Unterordnung aufgerufen sind, dann unterscheidet sich trotzdem die praktische Ausführung dieser Unterordnung:

a. Die Frau ordnet sich unter, indem sie den Mann als Haupt sieht und akzeptiert. Ihr Vorbild und ihre Motivation ist die Art und Weise, wie die Gemeinde sich Jesus Christus unterordnet. Am Ende fasst Paulus das noch mal zusammen mit dem Wort „Ehrfurcht haben“ (5,33). Das klingt vielleicht etwas zu groß für das, was einem Menschen zusteht. Manche Übersetzungen geben diesen Vers deshalb mit „sie soll den Mann achten“ wieder (Gute Nachricht 1997). Mir persönlich gefällt das Wort „Respekt“ an dieser Stelle sehr gut, auch wenn es keine direkte Übersetzung ist. Letztlich muss solch ein Wort, egal welches man hier als Übersetzung wählt, ohnehin praktisch gefüllt werden. Wenn heute in dem Wort „Ehrfurcht“ das Empfinden von „Angst“ mitschwingt, dann liegt die Übersetzung sicherlich etwas schief. An keiner Stelle der ganzen Bibel können wir erkennen, dass von Frauen gewünscht wird, Angst vor dem Ehemann zu haben. Respekt aber oder auch Achtung machen hier ganz viel Sinn. Abgeleitet wird dieser Gedanke aus der Beziehung der Gemeinde zu Jesus Christus (Epheser 5,23-24). Ist diese Beziehung von Angst vor Jesus geprägt? Hoffentlich nicht! Vielmehr wünschen sich doch die meisten Gemeinden eine Beziehung zu Jesus, die von Vertrauen und Liebe zu Jesus geprägt ist, die sein Wort ernst nimmt, sowohl in Bezug auf die Verheißungen als auch auf Anweisungen, die Jesus seiner Gemeinde gibt. Paulus betet im gleichen Epheserbrief, dass die Gemeinde *in Liebe gewurzelt und gegründet* sei (Epheser 3,17). Das ist die angemessene Beziehung zum *Haupt* Jesus Christus. Männer, die vorschnell auf ihr Haupt-Sein pochen, um den Gehorsam ihrer Frau einzufordern, müssen sich fragen lassen, ob ihre Liebe denn so ist, dass eine Frau froh dieses Haupt-Sein anerkennen kann. Natürlich wird die Frau von diesem Gebot nicht dadurch entbunden, dass der Mann sich falsch verhält. Aber wenn die Grundlage für die Aufforderung, dass sich die Frau dem Mann unterordnen soll, Jesus Christus selbst ist, dann ist damit die Herausforderung für den Mann verbunden, seiner Frau wie Jesus Christus zu begegnen. Das wird ab Vers 25 angesprochen:

b. Der Mann ordnet sich unter, indem er die Frau liebt, wie Jesus Christus seine Gemeinde liebt (Epheser 5,25). Mehr geht nicht. Jesus Christus hat aus Liebe zu seiner Gemeinde sein Leben geopfert. Weniger ist vom Mann nicht gefordert: Das Wohlergehen und der Segen[51] für die Frau darf am Ende alles kosten, sogar das Leben. Der Preis der Unterordnung ist deshalb für den Mann deutlich höher als für die Frau. Die Frau muss „nur" Achtung erweisen, der Mann dagegen muss alles geben, damit sich seine Frau geliebt und aufgehoben weiß. So ist es auch bis weit in unsere heutige Kultur hinein: Wenn zum Beispiel ein Schiff untergeht, dann ist unabhängig vom Grad der Emanzipation der anwesenden Frauen oder der Gender-Mainstreaming-Überzeugungen des Kapitäns immer noch die Anweisung gültig, dass Frauen und Kinder zuerst in die Rettungsboote dürfen. Wenn dann die Boote für die Männer nicht mehr reichen sollten, dann sterben sie eben. Der Mann opfert sich für die Frau. Dies gilt grundsätzlich für alle Bedrohungssituationen: Vom Mann wird erwartet, dass er zuerst bereit ist, sich der Gefahr auszusetzen, um die Frau zu schützen.

[51] Von Horst Afflerbach erhielt ich den Hinweis auf die Beziehung dieser Aufforderung zu 5,27. Das Ziel der Hingabe des Mannes an die Frau ist ihre makellose Schönheit, ohne Flecken und Runzeln. Sicherlich ist damit nicht in erster Linie die äußere Schönheit gemeint, aber auf jeden Fall das Wohl der Frau, so dass sie aufblüht, dass sich ihr Potential entfaltet. Das bedeutet konkret, dass der Mann die Frau in ihren Möglichkeiten fördert.

Warum ist Unterordnung für Männer und Frauen unterschiedlich?

Im Abschnitt 2 (Was heißt eigentlich „Mann" und „Frau"?) wurde anhand biologischer Fakten die unterschiedliche Art von Männern und Frauen beschrieben, Beziehungen zu gestalten. Dabei spielen die Ideen von Hierarchie bzw. Netzwerken eine große Rolle.

Bischof-Köhler[52] unterscheidet das Verhalten von Männern und Frauen in Gruppen in „Dominanzhierarchie" und „Geltungshierarchie". Was damit gemeint ist, wird an folgender Tabelle deutlich:

Dominanzhierarchie	Geltungshierarchie
Eher bei Männern	Bei Männern und Frauen
Machtorientiert: Imponieren und Einschüchtern	Geltungsorientiert: Ansehen aufgrund bestimmter Eigenschaften
Machtausübung durch Dominanz	Machtausübung durch Entzug von Anerkennung
Offene Aggression (körperlich, Drohung)	Beziehungsaggression (Abbruch der Beziehung als Drohung, erpresserischer Charakter, soziale Ausgrenzung, Negatives Dritten gegenüber äußern, Schmollen)
Ist von den Machtmöglichkeiten des Einzelnen abhängig	Ist von der Gruppe abhängig, nicht vom Einzelnen
Kommt auch bei Tieren vor	Kommt nur beim Menschen vor
Schneller Konsens und schnelle Entscheidungen	Mehr Raum für Kreativität und persönliche Belange
Hohe Stabilität der Hierarchie und deutlich eher die Bereitschaft, sich in dieser Hierarchie unter- und einzuordnen	Keine dauerhaften Hierarchien und deutlich stärkere Tendenz zur Rivalität zwischen den verschiedenen Hierarchiestufen
Männer schätzen besonders „Hierarchische Strukturen mit Statusunterschieden"	Frauen bevorzugen egalitäre Strukturen

---

[52] Bischof-Köhler, S. 289-295

Der Mann zielt auf Stärkung seines Status, die Frau hat tendenziell eine nicht so große Wertschätzung für hierarchische Strukturen und zielt auf Anerkennung und Geborgenheit innerhalb eines Beziehungsnetzes. Mit diesen Einsichten lässt sich schon untermauern, dass die Aufforderung von Paulus nach Liebe der Männer für die Frauen und Achtung der Frauen für die Männer mit der Wesensart von Männern und Frauen zu tun hat, wie sie schon biologisch angelegt ist[53]. In der Sprache der christlichen Theologie könnte man formulieren, dass die Herausforderungen von Epheser 5,21-33 nicht den Geschlechtern übergestülpt werden, sondern der Art ihres Geschaffen-Seins entsprechen und letztlich so die grundsätzlichen Bedürfnisse von Männern und Frauen erfüllen helfen. Viele kleine Indizien im menschlichen Alltag deuten genau in diese Richtung. Dazu gehört beispielsweise die Beobachtung einer starken Wettkampf-Haltung bei Männern. Meine Ehefrau verzweifelte fast, dass ich selten geneigt war, meine Kinder bei Spielen gewinnen zu lassen. Sie konnte das nicht verstehen. Und ich selbst auch nicht, denn ich wollte ja meine Kinder nicht frustrieren. Biologie ist hier keine Entschuldigung, aber zumindest eine Erklärung, warum ich oft wider besseren Wissens ehrgeizig den „Sieg" verfolgte.

In der Dominanzhierarchie werden gerne Statussymbole eingesetzt, die Kraft und Macht ausdrücken. Der Klassiker ist das Auto. Was wie ein Witz wirkt, dass manche Frauen von ihrem neuen Auto nichts wissen als nur die Farbe, passiert immer wieder mal im normalen Leben: „Du hast ein neues Auto? Was denn für eins?" Antwort: „Ein rotes." Für Männer ist das nicht nachvollziehbar, denn ihre Antwort auf die Frage, was für ein Auto sie denn gekauft haben, wird selten bis nie die Farbe des Wagens sein, sondern immer die Marke und die Ausstattung, Verbrauchskennziffern und Motorleistung, etc. Das Auto muss für Männer nicht zum Kleid passen, sondern Macht, Kompetenz, Einkommen, etc. ausdrücken. Gleiches kann man mit ganz vielen anderen technischen Gebrauchsgütern durchspielen.

[53] Das ist allerdings nicht unumstritten und wird deshalb von Bischof-Köhler, die ein starkes Plädoyer auch für einen deutlich biologischen Anteil am Verhalten ausspricht, ausführlich an vielen Stellen in ihrem Buch diskutiert.

Wie kann Epheser 5,21-33 eine Hilfe für die Gemeinde sein, wenn es um die Frage nach den Aufgaben von Männern und Frauen in dieser Gemeinde geht? Folgende Fragen könnten eine Hilfe sein, einen Weg zur Umsetzung zu finden:

a. Ist die Art von Aufgaben, die Männer und Frauen in der Gemeinde übernehmen, hilfreich für die Förderung von Liebe und Achtung zwischen Männern und Frauen?

b. Fühlen sich Frauen in der Gemeinde geliebt, wahrgenommen, respektiert? Wenn nicht, woran liegt das? Wie könnte man es ändern?

c. Fühlen sich Männer in der Gemeinde geachtet und wichtig? Wenn nicht, woran liegt das? Wie könnte man es ändern?

d. Welche Bedeutung hat es für die Männer in der Gemeinde, wenn eine Frau predigt oder etwas leitet, wo auch Männer involviert sind? Ist es eine Bedrohung ihres Status? Empfinden sie es als Konkurrenz? Wenn es für die Männer keine Rolle spielt, warum sollte es dann für eine Frau nicht erlaubt sein?

Epheser 5,21ff ist mit den bisher betrachteten Aussagen in 1 Korinther 14,33-35 und 1 Timotheus 2,11-15 dadurch verbunden, dass alle drei Passagen die Unterordnung der Frau unter den Mann bzw. den Verzicht auf Herrschaft über den Mann betonen. Hier scheint der eigentliche Kern dieser Aussagen zu liegen. Wenn eine Frau über Männer herrscht, hat das mehr Bedeutung, als dass nur ein leitender Posten mit einer Frau besetzt ist. Es gibt eine durchgehende Beobachtung, die mir von einer Reihe von Frauen geschildert worden ist, in deren Gemeinden die Männer in Leitungspositionen in der Minderheit sind. Fast immer ziehen sich die Männer zurück und lassen die Frauen einfach machen. Sie entziehen den Frauen die Unterstützung. Warum ist das in Politik und Wirtschaft anders? Weil dort nicht ehrenamtlich gearbeitet wird, sondern in festen hierarchischen und durch Entlohnung bestimmten Strukturen. Bischof-Köhler betont, dass Männer sich bereitwilliger als Frauen in hierarchische Strukturen einordnen. Innerhalb solcher Strukturen ist es für den Mann kein Problem, wenn eine Frau seine Vorgesetzte ist. Sie bewegt sich ja als Frau in einer „männlichen Struktur". In ehrenamtlichen Strukturen jedoch, in denen es nicht um Ausbildung, Einkommen und zugewiesene Ämter und Funktionen geht, lassen sich Männer am besten durch Aufgaben motivieren, die ihren Status bestätigen oder aufwerten. Das klingt nicht sehr „geistlich", denn es ist ja in der Biologie, also in der Schöpfung, angelegt. Paulus ruft Männer und Frauen zurück in die Schöpfungsordnung. Sie sind eben nicht losgelöst von ihrem Körper, der geschlechtsspezifischen Psyche und den besonderen Bedürfnissen des jeweiligen Geschlechts. Das löst sich durch „Geistlichkeit" auch in der Gemeinde nicht auf.

Gott hat Männer so geschaffen, dass sie Verantwortung übernehmen wollen. Männer sollen sich verantwortlich für das Wohlergehen der Frauen wissen und entsprechend entscheiden und handeln. Das wird in der „Erst-Erschaffung" des Mannes deutlich und in der Ansprache Gottes an den Mann, den Baum der Erkenntnis nicht zu berühren. Es wird deutlich durch die Strafe für den Mann, dass er auf seine Frau gehört hat, als es um die entscheidende Frage des Gehorsams gegenüber Gott ging und durch das Zurück-Stoßen der Frau unter die Herrschaft des Mannes in 1 Mose 2 und 3. Diese Linie setzt sich somit in allen relevanten Texten des Neuen Testamentes zum Thema Mann und Frau fort. Die Biologie bestätigt, dass hier ein Wesenskern von Männern und Frauen berührt ist.

Welchen Unterschied macht dann aber das neue Leben in Jesus Christus? Das soll im nächsten Abschnitt zu Galater 3,28 besehen werden.

3.8 Weder Mann noch Frau in Christus: Galater 3,28 und 1 Korinther 11,7-12

Galater 3 [28] *Da ist nicht Jude noch Grieche, da ist nicht Sklave noch Freier, da ist nicht Mann und Frau; denn ihr alle seid einer in Christus Jesus.*

Mit diesem Vers verlassen wir die lange und aufwändige Diskussion um Herrschaft und Unterordnung in Bezug auf 1 Timotheus 2,1 Korinther 14 und 1 Mose 2-3 und gehen zurück zu 1 Mose 1, dem Beginn der Schöpfung:

[26] *Und Gott sprach: Lasst uns Menschen machen in unserm Bild, uns ähnlich! Sie sollen herrschen über die Fische des Meeres und über die Vögel des Himmels und über das Vieh und über die ganze Erde und über alle kriechenden Tiere, die auf der Erde kriechen!* [27] *Und Gott schuf den Menschen nach seinem Bild, nach dem Bild Gottes schuf er ihn; als Mann und Frau schuf er sie.* [28] *Und Gott segnete sie, und Gott sprach zu ihnen: Seid fruchtbar und vermehrt euch, und füllt die Erde, und macht sie euch untertan; und herrscht über die Fische des Meeres und über die Vögel des Himmels und über alle Tiere, die sich auf der Erde regen*!

Mann und Frau als Herrscher über die Erde, als Stellvertreter des einen Königs und Herrschers der Welt, als seine Bilder, voller Glanz und Schönheit, die Gottes Wesen und Kraft ausstrahlen und in diesem Glanz die Welt zu einem wunderbaren Ort gestalten. Hier fragt weder Mann noch Frau, wer eigentlich den anderen beherrschen oder wer sich unterordnen soll. Beide sind beauftragt, und nicht mit einer Silbe versucht dieser Bericht, die Unterschiede zwischen beiden zu problematisieren. Da waren wir mal: im Paradies. Das haben wir verloren. Und jetzt führt Christus uns dahin zurück. Nicht, dass 1 Mose 2 schon weniger Paradies wäre als 1 Mose 1, weil dort zwischen Mann und Frau differenziert wird. Beide Kapitel gehören zusammen und beschreiben aus verschiedenen Blickwinkeln die eine Schöpfung Gottes. Aber Galater 3,28 klingt so deutlich nach 1 Mose

1[54], nach der gemeinsamen Beauftragung, nach Mensch-Sein von Mann und Frau zusammen, dass dieser Vers große Hoffnung macht. Die Gemeinde könnte der Ort sein, wo Mann und Frau wieder den gemeinsamen Auftrag leben. Die Gemeinde könnte der Ort sein, wo Männer und Frauen sich endlich aus der ewigen Frage nach „Wer hat am meisten zu sagen?" verabschieden, wo sie keine Angst voreinander und dem Einfluss des anderen haben. Die Gemeinde könnte der Ort sein, an dem der Glanz Gottes in der Beziehung zwischen Mann und Frau wieder neu sichtbar wird.

1 Korinther 11 [7] *Denn der Mann freilich soll sich das Haupt nicht verhüllen, da er Gottes Bild und Abglanz ist; die Frau aber ist des Mannes Abglanz.* [8] *Denn der Mann ist nicht von der Frau, sondern die Frau vom Mann;* [9] *denn der Mann wurde auch nicht um der Frau willen geschaffen, sondern die Frau um des Mannes willen. ...* [11] *Dennoch ist im Herrn weder die Frau ohne den Mann, noch der Mann ohne die Frau.* [12] *Denn wie die Frau vom Mann ist, so ist auch der Mann durch die Frau; alles aber von Gott.*

Dieser Text aus 1 Korinther 11 hält in wunderbarer Weise 1 Mose 1 und 2 zusammen: Der Mann ist Gottes Bild und Abglanz, die Frau ist des Mannes Abglanz. Hier greift Paulus 1 Mose 2 auf, die Erst-Schaffung des Mannes und dann die Schaffung der Frau aus dem Mann, aus seiner Seite[55]. Mit der Erschaffung des Mannes direkt von Gott stellt dieses Geschöpf den Glanz des Schöpfers dar. Mit der Schaffung der Frau aus der Seite des Mannes stellt dieses Geschöpf den Glanz des Mannes dar. Sie ist zu seiner Hilfe geschaffen. Als ob jedoch Paulus ahnte, dass diese Sicht zu einseitig ist, weil sie 1 Mose 1 nicht berücksichtigt, fügt er dann noch hinzu, dass es nie ein Konzept gab, in dem der Mann allein und selbstmächtig existieren könnte. Mann und Frau brauchen einander und bedingen einander. Nur gemeinsam sind sie *Mensch*, nur gemeinsam erfüllen sie Got-

[54] Manuel Lüling verdanke ich den Hinweis darauf, dass das „männlich und weiblich" (ἄρσεν καὶ θῆλυ) grammatisch identisch so in 1 Mose 1,29 und Galater 3,28 vorkommt.

[55] Die berühmte „Rippe" kann auch mit „Seite" übersetzt werden.

tes Auftrag, nur gemeinsam spiegeln sie den ganzen Glanz Gottes: Im Herrn kann die Frau nicht ohne den Mann und der Mann nicht ohne die Frau sein (1 Korinther 11,11). Die Frau wurde aus dem Mann geschaffen (1 Mose 2), jeder Mann aber wird von einer Frau geboren (1 Korinther 11,12). „Im Herrn" (11) bedeutet hier, dass christliche Nachfolge und Gemeinde nur mit Männern und Frauen gemeinsam geht. Es geht hier nicht ums Heiraten, sondern um das gemeinsame Leben in den Spuren von Jesus. Eine Gemeinde, in der sich Männer oder Frauen als Ganzes gegen das andere Geschlecht durchsetzen, hat also nichts gewonnen, sondern viel verloren. Wo sich Männer gegen Frauen durchsetzen und ohne Rücksicht ihren eigenen Stil fahren, haben sie vom Glanz Gottes verloren. Wo Frauen sich gegen Männer durchsetzen, haben sie vom Glanz Gottes verloren. Wo Frauen von Männern als Bedrohung verstanden werden, wo ihr Wesen belächelt und ihre Meinung ignoriert wird, da hat die Gemeinde vom Glanz Gottes verloren. Wo Männer nur als Machos wahrgenommen werden und ihr Ehrgeiz nur belächelt wird, da hat die Gemeinde vom Glanz Gottes verloren.

Deshalb wollen wir im vierten und letzten Teil dieses Buches fragen, welchen Weg eine Gemeinde gehen kann, damit der Glanz Gottes in den Beziehungen zwischen Männern und Frauen in Ehe und Gemeinde wieder sichtbar werden kann.

4. Wege zu einer biblischen Gemeindepraxis

4.1 Wie Frauen sich in christlichen Gemeinden erleben

Gemeinde fühlt sich für Frauen und Männer unterschiedlich an. Bei der Befragung von Frauen, die in eher konservativ geprägten Gemeinden mit tendenziell starren und traditionellen Rollenbildern von Mann und Frau leben, ergaben sich ganz unterschiedliche Antworten auf die Frage, welche Erfahrungen sie dort gemacht haben. Durchgehend ist der Wunsch nach Wertschätzung der Frauen:

- *Da ich in einer Gemeinde aufgewachsen bin, die damals eine „typische" Brüdergemeinde war, in der Männer alle geistlichen Ämter bekleideten, ist es für mich immer ermutigend und positiv gewesen, als Frau und Schwester von Männern wertgeschätzt und gehört zu werden, auch in geistlichen und gemeindespezifischen Fragestellungen.*

- *Als Mitarbeiterin in der Sonntagschule wurde ich wertschätzend aufgenommen und fühlte mich wohl in der Zusammenarbeit.*

- *Immer dann, wenn sich Männer und Frauen als Team verstehen und einander als Ergänzung sehen. Es ist schön, das Gefühl vermittelt zu bekommen, dass mein Beitrag als Frau wirklich gefragt ist und gehört wird. In einer Krisensituation hat sich die Gemeindeleitung hinter mich als Diakonin gestellt, und zwar einem alten Bruder gegenüber. Das hat mir nach ganz vielen Klärungsversuchen, die schlussendlich nicht möglich waren, „den Rücken gestärkt". Ich durfte und sollte meine Aufgabe weiterhin wahrnehmen, unter dem Schutz und der Beauftragung durch die Ältesten, auch im „Gegenwind". Hier habe ich es besonders schätzen gelernt, Verantwortliche auf einer „höheren" Leitungsebene hinter mir zu haben.*

Bei der Frage nach der Spannung bei der Interpretation biblischer Aussagen zur Rolle der Frau betonen viele Frauen, dass ihnen der Streit um die richtige Auslegung Mühe macht. In bestimmten Lebensphasen, wie als Mutter mit kleinen Kindern, ist es sowieso kein Thema. Als Single oder nachdem die Kinder groß geworden sind, setzen sich Frauen dann stärker mit der Frage auseinander, wie die biblischen Aussagen gemeint und auf die Gemeinde anwendbar sind. Schade ist, dass im Zuge solcher Diskussionen die biblischen Texte eher als Last und Mühe wahrgenommen werden. Sie sind nicht mehr Zuspruch und Verheißung. Das liegt sicher nicht an den Texten selbst, sondern an der Art, wie in der Gemeinde damit umgegangen wird.

- *Im Jahr 2002 erlebten wir intensiv eine Krise in der Gemeinde, wo es wesentlich um die Frauenfrage, Predigtdienst von Frauen, Leitungsdienst von Frauen ging. Das war noch einmal eine sehr anstrengende Zeit, auch für meinen Mann und mich. Stundenlang haben wir konträr diskutiert. Die biblischen Aussagen zum Verhalten von Frauen in der Gemeinde waren eher eine Herausforderung als eine Hilfe.*

- *Ich habe verschiedene Gemeinden erlebt, die ebenso verschieden mit diesen Aussagen umgegangen sind. Erst als Erwachsene kam ich in eine Brüdergemeinde und erlebte die Interpretation dort zunächst als eine Art Kraftakt für mich, da ich hier zum ersten Mal mit der grundsätzlichen Forderung konfrontiert war, in der Gemeinde zu schweigen. Für mein Selbstverständnis als Nachfolgerin Jesu Christi war das eine ganz neue „Platzanweisung", quasi von der vollwertigen Mitarbeiterin zur Haushaltshilfe, die nach Möglichkeit besser gar keine eigene Meinung hat, weil es zu anstrengend ist, eine Meinung zu haben und sie nicht äußern zu dürfen. Ich empfand die „wörtliche" Auslegung der zitierten Bibelstellen und die nicht genauso wörtliche Auslegung anderer Bibelstellen, die in diese Interpretation nicht hineinpassten, als theologisch unbefriedigend und der Bibel in ihren Zusam-*

menhängen nicht angemessen. Manches wirkte gewaltsam – nicht nur der rigide Stil, in dem diese Aussagen anderen gegenüber angebracht wurden, sondern auch die Art, mit dem Text umzugehen, der sich einer so deutsch-geradlinigen Interpretation an mehreren Stellen widersetzt. Nach einigen Jahren wurde diese Platzanweisung dann auch zur Anfechtung, als ich merkte, wie ich mich auch innerlich inzwischen in die hinteren Reihen gesetzt hatte, um nicht immer wieder in innere Nöte zu kommen. Mein eigenes geistliches Leben ging dadurch aber sehr zurück, was mich dann langfristig in noch größere Not brachte.

- *Ich fühlte mich ausgeliefert an Entscheidungen: 1. durch starre theologische Erkenntnis, vor allem angelehnt an die Erkenntnis der Vorväter; 2. Angst davor Fehler zu machen; 3. Linientreue gegenüber einer Vereinigung. Und so empfand ich das, was mir Leitplanke hätte sein sollen, mehr und mehr als Gehorsam gegenüber einer Richtung und nicht einer ausschließlich geistlichen Erkenntnis.*

- *Eine besonders schwierige Situation habe ich da bei den alleinerziehenden Frauen empfunden. Sie stehen oft einem Gremium von Männern gegenüber, das es sicher gut meint, aber eigentlich wenig bis gar nicht nachempfinden kann.*

Auf die Frage hin, wie Frauen die Bibelstellen auslegen, die in diesem Buch behandelt werden, antworteten alle mit dem Wunsch, die Bibel wirklich ernst zu nehmen. Für einige passen die Aussagen mit dem zusammen, was sie gerne und gut in der Gemeinde gelebt haben. Auffällig ist, dass sich alle Frauen mit den Gegebenheiten arrangiert haben, selbst wenn ihre Auffassung über die entsprechenden Texte eine andere war. Die Beziehungen in der Gemeinde, die Wertschätzung und das Wahrgenommen-Werden waren deutlich wichtiger als der Wunsch nach einer bestimmten Aufgabe in der Gemeinde, die nur Männern vorbehalten war. Umgekehrt kam es dort zur Problemanzeige, wo Leitungskreise in der Auslegung dieser Texte unsicher waren, sich gegenseitig widersprachen oder

Dinge von den Frauen verlangten, die sie nicht begründen konnten.

Nicht zuletzt ist für Ehefrauen die Beziehung zum eigenen Mann entscheidend für ihr Verhalten. Während Männer gerne Prinzipien diskutieren und diese völlig von Beziehungsfragen lösen, bleibt für Frauen die Auslegung und Anwendung von Bibeltexten immer verbunden mit den Beziehungen in Familie und Gemeinde:

- *Ich freue mich über alle „Öffnungen“ und Veränderungen für die Mitarbeit von Frauen, wenn sie dem Gesamtrahmen des NT entsprechen, dem Heiligen Geist Raum gegeben wird, damit ER wirken kann, und alles in Achtung voreinander, in taktvoller Korrektur oder Hilfe und in Liebe geschieht.*

- *Der vielleicht wichtigste Punkt in meinem momentanen Leben ist der, die Gnade zu haben, mit meinem Ehemann „eines Sinnes“ bei diesem Thema zu sein. ... Ich empfinde es deshalb als große Erleichterung, dass ich mich hinter meinen Mann stellen darf in dieser Frage.*

Nach diesen Stimmen von Frauen und ihren Erfahrungen in christlichen Gemeinden soll die Erfahrung von Frauen in der Geschichte der Kirche zu Wort kommen. „*Wer aus der Geschichte nichts lernt, ist dazu verdammt, sie zu wiederholen*“ (nach Georg Santayana, 1863-1952). Mein Dank für den folgenden Artikel geht an Wolfgang Klippert, Lehrer an der Biblisch-Theologischen Akademie von Forum Wiedenest, der ihn komplett so zur Verfügung gestellt hat. Um der Lesbarkeit und Kürze willen ist dieser Abschnitt nicht als „wissenschaftlicher Aufsatz“, sondern als einfacher Artikel ohne große Quellenangaben verfasst worden. Das meiste aber lässt sich leicht anhand der einschlägigen Literatur und der entsprechenden Quellen im Internet überprüfen.

4.2 Der geschichtliche Wandel des Frauenbildes (Wolfgang Klippert)

Unsere Welt hat sich tiefgreifend verändert. Neben den Spätfolgen der industriellen Revolution beschäftigen uns Fragen, die an die Wurzeln unserer Gesellschaft und Kultur reichen. Zu ihnen gehört auch die Frage nach der gesellschaftlichen Rolle der Frau heute. Traditionelle Antworten werden radikal hinterfragt, weil sie nicht mehr zeitgemäß und den Bedürfnissen unserer modernen Welt nicht angepasst erscheinen. In diesem Beitrag möchte ich den geschichtlichen Wandel des Frauenbildes über die Jahrhunderte nachzeichnen und die Situation, wie wir sie heute vorfinden, beschreiben. Damit sollen einige Zusammenhänge verständlich werden, ohne deren Kenntnis eine Antwort auf unsere Fragen heute nicht zu denken ist.

A. Das Frauenbild in der alten Kirche

Das Frauenbild der frühen Christenheit ist grundsätzlich vom neutestamentlichen Denken her bestimmt und setzt dessen positive Neubewertung der Frau ungebrochen fort. Schon im antiken Heidentum genießt die Frau eine relativ große Freiheit und Achtung. Sie ist dem Mann in vieler Hinsicht gleichgestellt und spielt im öffentlichen Leben bis hinein in die Politik eine wichtige Rolle. Die Haltung gegenüber Frauen ist aber dennoch auch zwiespältig. Sie schwankt zwischen Verehrung und Verachtung. So kann das Weibliche gleichsam religiös vergöttlicht werden oder aber die Frau wird zur Konkubine oder Dirne herabgewürdigt. Im zeitgenössischen Judentum gehört die Frau ganz ins häusliche und familiäre Umfeld. Dort kann sie sich entfalten und erlangt durch die hohe Ehemoral des Judentums eine gewisse Wertschätzung. Im Gegensatz zum Heidentum spielt sie aber im öffentlichen Leben eine untergeordnete Rolle. Religionsmündig ist sie auf keinen Fall. Auch juristisch und moralisch steht sie deutlich unter dem Mann. Im täglichen Morgengebet danken die jüdischen Männer Gott dafür, dass er sie weder als Heiden noch als Frauen erschaffen hat, was ein bezeichnendes Licht auf das Frauenbild des Judentums wirft.

Das Christentum sucht demgegenüber eine relative Gleichstellung der Frau und lässt sie an der Gestaltung des Gemeindelebens aktiv teilnehmen. Durch die neutestamentliche Wertschätzung der Ehe und der Familie erlangt die christliche Frau neues Ansehen und eine hohe Mitverantwortung für das Gelingen des Familienlebens. Auch in der Gemeinde entfalten Frauen eine rege Tätigkeit, was ihre Stellung gegenüber dem Judentum deutlich verbessert.

Frauen werden im missionarischen, katechetischen und diakonischen Bereich tätig. Vor allem besuchen und pflegen sie Kranke und Bedürftige. Dabei dürfen sie den Kranken auch die Hände auflegen. Besondere Bedeutung erhalten die Jungfrauen und die Witwen, die schon im Neuen Testament erwähnt werden und dort wichtige Aufgaben in der Gemeinde zugesprochen bekommen. So entwickelt sich die Aufgabe der Diakonin oder Diakonisse oder auch das ausgesprochene Witwenamt (Viduat). Diese Frauen werden von einem Bischof für ihren lebenslangen Dienst geweiht. Ihr Mindestalter ist 60, 50 oder auch 40 Jahre. In der Gemeinde – besonders im Osten des Römischen Reiches – stehen sie in hohem Ansehen und nehmen eine Stellung zwischen dem höheren und dem mittleren Klerus ein.

Skeptisch steht man der Frau als christlicher Prophetin gegenüber, weil gerade in sektiererischen Kreisen (z. B. dem Montanismus) Visionärinnen aufgetreten waren und viel Unheil angerichtet hatten. In diesen als Sekten empfundenen Gruppen konnten sich Frauen stärker entfalten; sie konnten sogar Älteste oder Bischöfe werden. In den meisten regulären Gemeinden kommen den Frauen keine Funktionen im Gottesdienst oder gar in der Gemeindeleitung zu. Sie dienen höchstens als Taufhelferinnen oder verrichten praktische Handreichungen in den Zusammenkünften.

Die Aufwertung der Frau im frühen Christentum wird vom Heidentum so deutlich wahrgenommen, dass man den Christen vorwirft, sie würden von Frauen beherrscht. Diese Einschätzung ist sicherlich falsch und erklärt sich teilweise dadurch, dass es einen deutlichen Frauenüberschuss in den ersten Gemeinden gab.

Diesem durchweg positiven Frauenbild in der Frühkirche stehen nun aber auch andere christliche Einschätzungen der Frau gegenüber. In der Regel stammen sie aus einer etwas späteren Zeit (3. Jh.) und sind Ausdruck griechischen Denkens, das langsam in die Christenheit einsickerte. Zu dieser Entwicklung haben vor allem asketische Denkansätze beigetragen. Das entstehende Mönchtum hat sie ebenfalls gefördert. So wird zwar anerkannt, dass die Frau wie der Mann Ebenbild Gottes ist, aber ihr Frausein wird als minderwertig dargestellt. Ziel der Erlösung durch Christus ist für die Frau unter anderem, dass sie ihr Frausein überwindet und eine „Vermännlichung" erfährt. Notwendig wird diese Wandlung, weil sie den Makel Evas an sich trägt, die Adam zur Sünde verführte. Besonders im Mönchtum erhält die Frau damit die Rolle der Verführerin, die der Sünde leichter nachgibt als der Mann und die zudem Männer durch ihre Sinnlichkeit vom Aufstieg ihrer Seele zu Gott abhalten will. Es verfestigt sich das Bild von der Frau als „Tor zur Hölle" oder als „Steigbügel Satans". Diese Sichtweise wirkt bis in die Gerichtsbarkeit hinein. Bei Unzucht wird der Frau als „Verführerin" in vielen Fällen die Alleinschuld zugesprochen. Dem gegenüber wird das Bild der rein gebliebenen Frau von den gleichen Kreisen in Form der Marienverehrung ins Göttliche überhöht und verklärt. Damit scheint das Weibliche auf den ersten Blick zwar geehrt und geadelt. Erkauft ist diese gefährliche Form metaphysisch verbrämter Erotik allerdings durch die Herabwürdigung der Frauen in ihrem natürlichen Umfeld von Ehe und Familie. So verwundert es auch nicht, dass das Ideal der Jungfräulichkeit (Virginität) immer höher bewertet und vielen Mädchen als besonders geistliche Lebensform empfohlen wird. In der gemeindlichen Praxis wird die Frau gegen Ende der christlichen Frühzeit mehr und mehr aus ihren angestammten Betätigungsfeldern verdrängt. Die Diakoninnen und Witwen werden von der Nonne ersetzt.

Das Frauenbild der frühen Kirche erweist sich daher als gespalten. Große Achtung vor der Frau und Wertschätzung ihres Dienstes in der Gemeinde stehen neben frauenverachtenden Ansichten oder religiös überhöhten Verklärungen des Weiblichen im Mönchtum. Die anfänglich hohe Wertschätzung der Frau geht im Laufe der ersten Jahrhunderte weitgehend verloren. Die Frau wird festgelegt auf die Rolle der Hausfrau oder auf die der keuschen Jungfrau.

B. Das Frauenbild im christlichen Mittelalter

Als das Christentum der römischen Antike auf die germanischen Völker Westeuropas übergeht, trifft es auf eine Kultur, in der die Frau als Besitz des Mannes und der Sippe angesehen wird. Weder im öffentlichen noch im religiösen Leben spielt sie eine wesentliche oder gar führende Rolle. In der Praxis des täglichen Lebens allerdings, das in den kühlen nördlichen Ländern nicht leicht zu bewältigen ist, steht die Frau an der Seite ihres Mannes ihren „Mann". Die christliche Einschätzung der Frau und die Betonung der Ehe als göttlichem Sakrament bewirken aber unter den christlich werdenden germanischen Völkern deutliche Veränderungen zugunsten einer wachsenden Wertschätzung der Frauen. Vor allem steht die Ehe nun unter kirchlichem Schutz.

Trotz dieser positiven Veränderung im christlich werdenden Abendland rettet sich die gegen Ende der Antike immer stärker werdende Frauenfeindlichkeit der Kirche auch ins Mittelalter hinüber. Innerhalb der Familie betrachtet man die Frau vornehmlich als Besitz und Arbeitskraft. Ihrem Mann hat sie sich zu unterwerfen. In der Kirche ist sie unmündig und steht unter einem strengen Schweigegebot. Der Zugang zu kirchlichen Ämtern ist ihr verwehrt und auch im Gottesdienst spielt sie eine ausschließlich passive Rolle. Höchste theologische Autoritäten, wie Thomas von Aquin, beschreiben die Stellung der Frau als „Status der Unterwerfung unter den Mann" (Lat: *status subiectionis hominis*). Besonders die Herabwürdigung der Sexualität hat die theologische Diskriminierung der Frau stark gefördert. Gegen Ende des Mittelalters nehmen solche negativen theologischen Wertungen sogar eher noch zu; die frauenfeindliche Stimmung wächst.

Im Gegensatz zu den abwertenden Urteilen über die Frau sucht sich der männliche Hang zum „ewig Weiblichen" im Mittelalter andere, eigenständige Wege. Die stetig anwachsende Marienfrömmigkeit und die intensive Verehrung anderer heiliger Frauenfiguren sind auch Ausdruck einer Sehnsucht nach dem Weiblichen. Die säkularisierte Variante hiervon ist der Minnesang, der unter anderem als ein Protest gegen die von der Kirche geforderte strikte Einhaltung der Einehe zu verstehen ist. Im Minnesang, der vorwiegend in der Schicht der Adeligen zu finden ist, wird die Frau um ihrer selbst willen in höchstem Maße besungen und als erotisches Wesen fast auf die Stufe einer gleichwertigen Partnerin erhoben. Fast – denn die Sehnsüchte dieser „Frauenanbeter" haben doch sehr handfeste und weniger auf Partnerschaft ausgelegte Interessen.

Außerdem zeigt sich, dass auch in die Kirche eine offensichtliche Doppelmoral eingedrungen ist. Frauen sind bei der hohen Geistlichkeit als Dirnen nur zu sehr geschätzt. Während des Basler Konzils, das ab 1431 als Reformkonzil tagt, werden etwa 1.500 Dirnen in der Stadt tätig, um den Konziliaren das harte Geschäft der Theologie und der Reformen erträglicher zu gestalten! Frauen stehen irgendwo im Spannungsfeld zwischen Heilige und Hure!

Entfalten können sich Frauen im Mittelalter neben ihrem männlich dominanten Widerpart nur in gewissen Freiräumen, die sich aus gesellschaftlichem Wandel ergeben oder die sie sich selbst erkämpfen können. Dazu gehört das Klosterwesen, in dem Frauen eine zunehmend wichtigere Rolle spielen. Klöster eigens für Frauen geben die Möglichkeit einer gewissen Selbstständigkeit und bisweilen auch Selbstverwaltung. Ihre Hauptaufgaben sind Krankenpflege, Armenfürsorge, Erziehung und Bildung. Klöster sind auch Zentren mystischer Frömmigkeit, wobei der emotionale Typus mittelalterlicher Mystik in den Nonnenklöstern überwiegt. Dort können Frauen auch führende Aufgaben übernehmen. Äbtissinnen, wie Katharina von Siena oder Hildegard von Bingen, um nur zwei der bekanntesten von ihnen zu nennen, haben Einfluss weit über ihre Klostermauern hinaus und greifen teilweise aktiv in das politische Leben ein. Sie werden von der kirchlichen und weltlichen Männerwelt entsprechend mit Respekt und Hochachtung bedacht. Das klösterliche Leben gibt vielen Frauen Möglichkeiten zu einer Entfaltung, die sie im außerkirchlichen Bereich kaum hätten finden können. Dass diese Nonnenklöster oft durch Reichtum innerlich korrumpieren und schwere sittliche Verfehlungen durchaus häufig vorkommen, hat dann in der Reformationszeit auch zu einer schroffen Ablehnung dieser Art der Lebensgemeinschaft von Frauen geführt.

Außerhalb der Klostermauern können Frauen im späten Mittelalter im Bürgertum in den wachsenden Städten gewisse Rechte und Freiheiten erlangen. In den mittelalterlichen Handwerksbetrieben beispielsweise übernehmen sie wichtige Funktionen. Es gelingt Frauen sogar, zunftfähige Unternehmerinnen zu werden. Auch Lehrerinnen, Ärztinnen, Hebammen und Pflegerinnen sind aus der späten bürgerlichen Welt des Mittelalters bekannt. Die Frau auf dem Königsthron ist eine Ausnahme und versteht sich nur aus den Gesetzen der dynastischen Nachfolge. Den Makel ihres Geschlechts kann sie durch ihre Machtposition gleichsam neutralisieren. Trotz aller herausragenden Frauengestalten des Mittelalters und ihrer religiösen Betätigung innerhalb des Klosters bleiben Frauen im Mittelalter aber religiös und politisch unmündig und sind dem Mann theologisch und praktisch untergeordnet und zugehörig bzw. hörig. Das größte Maß an Gleichberechtigung haben sie unter dem Einfluss der Renaissance im 15. Jahrhundert; das gilt besonders für Italien.

C. Das Frauenbild der Reformation

Die Reformationszeit bringt nicht nur tiefgreifende Veränderungen im theologischen Denken und im Glaubensverständnis, sie greift auch tief in das Lebensempfinden und in die Gestaltung des alltäglichen Lebens ein. Luther betont die in der Schöpfung und in der Taufe begründete Gleichheit aller Menschen vor Gott und vertritt das Priestertum aller Gläubigen. Im Blick auf Frauen aber zieht er daraus für die Mitarbeit in der Gemeinde keinerlei praktische Konsequenzen. Er sucht vielmehr ein neues Frauenideal im familiären Leben, nämlich das der Frau als Gehilfin des Mannes und als Mutter. Frau- und Muttersein werden dabei als ein Stand der göttlichen Berufung angesehen, genauso wie auch der Beruf als Stand einer Berufung. Unter dem Eindruck der Fehlentwicklungen im Mönchtum lehnt Luther das Nonnentum vom Grundsatz her ab. Seine Frau, Katharina von Bora, war schließlich selbst eine dem klösterlichen Leben entronnene Nonne. Auch wenn Luther von der Berufung zum Ledigenstand reden kann, gilt ihm der Ehestand doch als das Normale. Die Ehe ist für ihn ein Ort der Keuschheit und der Bewährung des Glaubens im Alltäglichen – ein „heiliger Orden“, wie er es nennt. Die Eheschließung selbst versteht er allerdings nicht mehr als Sakrament; sehr nüchtern betrachtet er die Ehe als ein „weltlich Ding“. Eine Alternative zum Mönchtum für die ledige Frau entwickelt Luther nicht.

In der Folgezeit tritt im Protestantismus an die Stelle der Nonne mehr und mehr die Pfarrfrau. Sie wird Vorbild für Keuschheit, Fleiß, Familiensinn und Fürsorge. Ihre wesentliche Aufgabe ist es, die Tätigkeit ihres Mannes als Pfarrer zu unterstützen und dabei in selbstloser Weise hinter ihn zurückzutreten. Ihre Wirkungsfelder sind die Familie und die Kirche in dem Sinne, dass sie sich um Arme und Bedürftige sorgt und ihrem Mann zuarbeitet. Ihrem Ehegatten gegenüber tritt sie deutlicher als in mittelalterlicher Zeit als Partnerin zur Seite. Diese Tendenz wird man allerdings nicht überbewerten dürfen. Unverändert bleibt die Rolle der Frau innerhalb des gottesdienstlichen Lebens. Hier ist sie zum Schweigen angehalten. Außer beim Gesang und allgemeinen liturgischen Gebeten wird sie am Gottesdienst nicht beteiligt. Von kirchlichen Ämtern ist sie sogar grundsätzlich ausgeschlossen. Wie ernst das Schweigegebot der Frau auch im Protestantismus genommen wird, macht eine kleine Anekdote aus dem Leben Johann Sebastian Bachs deutlich. Als seine Frau an einem Samstagabend alleine in der Kirche für sich auf der Orgel spielt, wird Bach mit einer empfindlichen Geldbuße belegt, weil sich seine Frau in der Gemeinde nicht stille verhalten habe. Das Schweigegebot der Frau ist übrigens auch der Grund dafür, dass ihre Singstimme im Chorgesang des mittelalterlichen Gottesdienstes durch Kastraten oder Knabensoprane ersetzt werden musste.

Somit hat die Reformationszeit auf der einen Seite die bürgerliche Rolle der Frau als Ehefrau und Mutter festgeschrieben, auf der anderen Seite aber ihre Rechte innerhalb der Kirche und der Gesellschaft gegenüber dem Spätmittelalter nicht erweitert. Im Gegenteil, das eigenständige Betätigungsfeld im Klosterwesen entfällt ganz und wird erst im 19. Jahrhundert mit der Entstehung der weiblichen Diakonie in einer veränderten Form neu geschaffen. Eine wirklich tiefgreifende Wandlung des Frauenbildes setzt erst mit der Aufklärung und dem Pietismus des 17. und 18. Jahrhunderts ein. Hier werden die Weichen für die Moderne gestellt.

D. Die Anfänge eines modernen Frauenbildes in der Aufklärung und im Pietismus

Aus einer verengten konservativ-christlichen Sicht heraus erscheint die Aufklärung des 17. und 18. Jahrhunderts als aufkeimende Wurzel allen Übels allein verantwortlich für die Verweltlichung unserer Gesellschaft zu sein – auch im Blick auf das veränderte Frauenbild. Doch die Betonung der Vernunft, das kritische Hinterfragen von bisher nicht hinterfragbaren Autoritäten und der Prozess, sich seiner Eigenständigkeit und Individualität bewusst zu werden, müssen uns als durchaus berechtigt erscheinen. Wer von uns heute wollte schon gerne zurück zur Monarchie? Wer plädiert für die Abschaffung des Wahlrechts oder der Meinungsfreiheit oder der Zivilehe? Als Menschen unserer Zeit leben wir von den Errungenschaften eines aufgeklärten Denkens.

Das neue Frauenideal des aufgeklärten 18. Jahrhunderts sieht in der Frau, die die gleichen natürlichen Rechte besitzt wie der Mann, eine ebenbürtige Partnerin. Sie ist gleichen Standes wie der Mann und verbindet sich in Freiheit mit ihm. Die Liebesheirat, die in der Romantik und im Idealismus zunehmend betont und praktiziert wird, verdeutlicht die Eigenständigkeit und Freiheit der Frau, die ihren Ehemann in eigener Entscheidung als Partner wählt. Trotz dieser neu gewonnenen Sicht hat die Aufklärung viele Benachteiligungen der Frau beibehalten und diese mit zweifelhaften „Beweisen“ aus der

Natur rational begründet. In einer anonymen Schrift aus dem Jahr 1721 wird ernsthaft die Frage erwogen, „ob Weiber Menschen seyen oder nicht". Zudem trägt das neue Frauenbild teilweise sehr sentimentale Züge und wird mit viel Eros unterlegt. Das gilt besonders für die Zeit der Romantik. Außerdem muss man berücksichtigen, dass ein neues Frauenbild vorwiegend von einer kleinen Schicht Intellektueller entwickelt wird, während im Bürgertum und der ländlichen Bevölkerung solches Gedankengut noch lange keinen Einzug hält.

Für den Bewusstseinswandel zunächst wichtiger als die Aufklärung aber werden erstaunlicherweise der Pietismus und die Erweckungsbewegungen. Dieser Umstand wird heute vielfach übersehen. Ein neues Frauenbild entwickelt sich nicht gegen den christlichen Glauben, sondern mit ihm und aus ihm heraus. Der Pietismus kämpft zunächst nicht gegen die Aufklärung; er wendet sich vielmehr gegen eine erstarrte Orthodoxie. Auch der Pietismus ist Kind seiner Zeit und nimmt Impulse der Aufklärung auf. Es gelingt ihm allerdings, diese Anregungen in ein biblisches Gesamtbild der Frau einzuordnen und die neu entstehenden Kräfte positiv und für die Gemeinde förderlich einzubinden.

Die Anfänge dieser Entwicklung liegen in England, wo die Bewegung der Quäker die Frau religiös völlig gleichwertig neben den Mann stellt. Die Betonung, dass der Heilige Geist Mann und Frau in gleicher Weise gegeben ist, führt dazu, dass Frauen innerhalb der Quäkergemeinde zu fast völlig gleichen Rechten kommen. Die Frau betet, sie erhält Offenbarungen; sie kann sogar als Predigerin und Leiterin der Gemeinde dienen. Etwas von dieser neuen Denkweise übernimmt auch der Methodismus, der Frauen umfassend in die Gestaltung des Gemeindelebens einbezieht. Auch die Heilsarmee, die aus dem Methodismus hervorgeht, räumt der Frau weitgehende Rechte im Leben der Gemeinschaft ein.

Der Gedanke, dass Frauen gleichberechtigte geistliche Partnerinnen des Mannes sind, entwickelt sich auch zu einem wichtigen Gedanken innerhalb der deutschen pietistischen Bewegung. Die Frau als Individuum besitzt Eigenständigkeit und wird auch zu einer eigenen religiösen Erfahrung und Entscheidung ermutigt. Sie steht nun dem Mann als Partnerin zur Seite. Diese neue Haltung wird bewusst biblisch begründet (Galater 3,28). Besonders im Gemeindeleben der Herrnhuter Brüdergemeine setzt sie sich durch. Wegen der Aufteilung der Gemeinde in geschlechtsspezifische Gruppen ergeben sich dort neue Betätigungsfelder für die Frau. Zinzendorf führt das Amt der Seelsorgerin und sogar das der Ältestin ein! So weit geht man allerdings in den meisten anderen pietistischen Kreisen nicht.

An den für den Pietismus typischen Konventikeln (Hauskreisen) haben Männer und Frauen gleichermaßen Anteil. In den Anfängen werden Frauen zwar noch in einen Nebenraum verbannt, von dem aus sie stillschweigend zuhören konnten, wie die Männer sich unterhalten (so bei Philipp Jakob Spener). Später aber werden sie mehr und mehr beteiligt. Auch der neue Aufbruch in die Weltmission, wie er vom Pietismus her in Angriff genommen wird, gibt Frauen ganz neue Perspektiven. Zunächst nehmen sie als Partnerin ihres Ehegatten an der Missionsaufgabe teil. Dann, im 19. Jahrhundert, wird die ledige Frau in ihrer Eigenständigkeit für die Mission „entdeckt". Bis heute bleibt sie dort eine tragende Kraft und nimmt auch innerhalb neu entstandener Gemeinden wichtige Aufgaben, bis hin zur Gemeindeleitung, wahr. Eine geradezu stürmische Entwicklung nimmt die Einrichtung der weiblichen Diakonie. In Deutschland entwickeln Theodor Fliedner und Wilhelm Löhe die Mutterhausdiakonie. In ihr übernehmen ledige Frauen vorwiegend karitative Aufgaben. Sie erlangen gesellschaftliche Achtung und eine gewisse Gleichberechtigung sowie wirtschaftliche Sicherheit. Tausende von Frauen finden in der Diakonie eine eigene Identität außerhalb von Ehe und Familie und übernehmen verantwortungsvolle Aufgaben, die auch den Männern Respekt abverlangen. Auf dem Bildungssektor hat August Hermann Francke in Kursachsen die Einführung der allgemeinen Schulpflicht für Jungen und Mädchen erreichen können. Dadurch wird der Bildungsstand gerade auch der sozial unteren Schichten gefördert. Auch Frauen profitieren davon, sodass ihnen neue Möglichkeiten eröffnet werden. Die Zulassung der Frau zur Universität muss allerdings noch auf sich warten lassen. Aber immerhin dürfen unter dem Erweckungstheologen August Tholuck schon Anfang des 19. Jahrhunderts in Halle auch Frauen zu seinen theologischen Vorlesungen erscheinen! Der von dem Pietisten August Hermann Francke beeinflusste Berliner Theologe David Friedrich Schleiermacher tritt im Zeitalter der Romantik für eine „befreiende Liebe“ ein, in der die Herrschaft des Mannes über die Frau überwunden werden soll. Mit seinen Schriften löst er den Beginn einer bescheidenen Frauenemanzipation aus.

Diese positive Neubewertung der Frau durch den Pietismus und ihr Eintreten in das öffentliche Leben und in den Dienst der Gemeinde haben das allgemeine Bewusstsein der Bevölkerung deutlich mitgeprägt und der Frau in der Gesellschaft eine immer bedeutendere Rolle gegeben.

E. Die Frauenbewegung im 19. und 20. Jahrhundert

Ein neuer Schub in der Entwicklung des Frauenbildes ergibt sich mit der Frauenbewegung, die Mitte des vergangenen Jahrhunderts entsteht. Sie kämpft um gesellschaftliche Gleichberechtigung und wendet sich gegen männliche, bürgerliche Doppelmoral. Hinter der Fassade von äußerlich hochgehaltenem Anstand und frommer Sitte wird von der Frau eheliche Pflichterfüllung und Treue erwartet, während das Ausleben sexueller Wünsche der Männerwelt in außerehelichen Beziehungen und gewissen Etablissements als durchaus normal angesehen wird.

Die Ursachen der Frauenbewegung sind vielschichtig. Zum einen stützt man sich auf die in der französischen Revolution formulierten Naturrechte des Menschen. Zum anderen haben die Frauen auch in den Notzeiten der napoleonischen Befreiungskriege ihren Mann stehen müssen und ihre Fähigkeiten unter Beweis gestellt. Auch wenn die Parolen der französischen Revolution „Freiheit, Gleichheit, Brüderlichkeit“ in den Frauen den Wunsch nach gesellschaftlicher und politischer Verwirklichung derselben wach werden lassen, so kommt es doch erst unter dem Druck sozialer Missstände zu einer wirklichen Bewegung unter den Frauen. Diese Missstände entstehen hauptsächlich durch die aufkommende Industrialisierung. Die Aufgabe im Haushalt oder im handwerklichen Betrieb verliert für viele zunehmend an Bedeutung. Das Haus wird zu einer reinen Wohn- und Schlafstätte. Aus selbstständigen Handwerkern werden lohnabhängige Industriearbeiter. So werden immer mehr Frauen zur Heimarbeit oder zur Arbeit in der Industrie gedrängt. Sie verlassen in großer Zahl die familiäre Arbeitsgemeinschaft auf dem Bauernhof oder im bürgerlichen Kleinbetrieb und arbeiten in einem weitgehend anonymen städtischen Umfeld. Der soziale und emotionale Schutz der Familie geht verloren. Somit können Frauen leicht zum Objekt von Ausbeutung werden. Arbeitszeiten von 12-14 Stunden täglich, völlig unzureichender Arbeits- und Gesundheitsschutz, fehlender Mutterschutz in Zeiten von Schwangerschaft, deutlich niedrigere Arbeitslöhne als die der Männer und vieles mehr müssen auf die Dauer zu immer lauter werdendem Widerspruch führen. Dabei sind leitende Aufgaben im wirtschaftlichen, akademischen und politischen Leben weiterhin Männern vorbehalten. Selbst das Wahlrecht wird Frauen vorenthalten.

Der Frauenbewegung geht es deshalb nicht um eine grundsätzliche Kampfansage gegen den Mann als solchen oder gar um eine „Feminisierung“ der Gesellschaft, sondern um eine rechtliche und praktische Verbesserung der gesellschaftlichen Stellung der Frau, um eine Anpassung der Gesetze an eine veränderte Arbeitswelt und um eine Anerkennung ihrer Eigenständigkeit und Würde. Dieses Anliegen ist auch aus heutiger Sicht nur zu verständlich und wird allgemein anerkannt. Schon 1848 bilden sich erste lokale Frauenverbände. Aber erst das Jahr 1865 gilt als der Beginn der deutschen Frauenbewegung; in diesem Jahr wird der „Allgemeine Deutsche Frauenverein“ gegründet, bei dem Bildungs- und Berufsfragen im Vordergrund stehen. Die Forderung nach einer Reform der höheren Mädchenschule, nach der Zulassung zum Universitätsstudium und dem allgemeinen Wahlrecht stoßen in der bürgerlichen Welt auf großen Widerstand. In den 90er Jahren des 19. Jh. kommen dann von einem radikaleren Flügel der Frauenbewegung auch Forderungen nach einer neuen Sittlichkeit hinzu, die die Stellung der ledigen Mütter und der Prostituierten in der Gesellschaft verbessern soll und die oft so spießbürgerliche Sexualmoral in Frage stellt. Wesentliche Erfolge kann dieser Zweig der Frauenbewegung aber nicht erzielen.

Sicherlich ist die Einführung des allgemeinen aktiven und passiven Wahlrechts von 1919 ein entscheidender Durchbruch. Der freie Zugang zum Hochschulstudium gehört ebenfalls dazu. Die große Zahl von Berufsverbänden der Frauen, die gegen Ende des 19. Jahrhunderts gegründet werden, ist ebenfalls Zeichen eines neuen Bewusstseins. Innerhalb der Kirchen, die besonders im pietistischen Umfeld der Frau zahlreiche neue Betätigungsfelder eingeräumt hatten, kann eine weitergehende Veränderung ihres Status aber nicht erreicht werden. Frauen sind zwar zum Theologiestudium zugelassen, aber ein Pastorenamt oder gar eine kirchliche Laufbahn bleiben ihnen weiterhin verschlossen. Trotz vieler Teilerfolge kann die Frauenbewegung ihre Forderungen nie ganz durchsetzen. Das endgültige Ende der Frauenbewegung wird von der Nazidiktatur eingeleitet, die alle Frauenverbände verbietet und die Rolle der Frau wesentlich auf die der „deutschen" Mutter beschränkt, die dem Hitlerregime möglichst zahlreiche und linientreue Kinder beschert.

F. Die Nachkriegssituation

Auch wenn der Nationalsozialismus die Frauen in alte Rollenbilder zurückverwiesen hat, wird ihr Selbstbewusstsein auf der anderen Seite dennoch gestärkt. Der Not der Kriegszeit gehorchend müssen Frauen in bislang den Männern vorbehaltene Berufe und Aufgaben hineinfinden und große Verantwortung in Familie und Beruf übernehmen. Die im Nachkriegsdeutschland darniederliegende Wirtschaft erfordert den ganzen Einsatz der Frau. Sie wird zum Leistungsträger in Staat, Wirtschaft und Gesellschaft. Als Mitstreiterin im Wiederaufbau ist sie aus dem Berufsleben nicht wegzudenken. Und im Ringen um Wohlstand soll und will auch sie nicht nachstehen.

Im neu formulierten Grundgesetz der Bundesrepublik Deutschland werden die Grundrechte der Frau sowie deren grundsätzliche rechtliche Gleichstellung in Artikel 3 verankert. Die alten Forderungen der

Frauenbewegung sind damit – zumindest dem Buchstaben nach – in Erfüllung gegangen. Um die praktische Verwirklichung wird aber bis heute gerungen. Die wesentliche Schwierigkeit liegt in der Tatsache begründet, dass Mann und Frau zwar vor dem Gesetz gleich sind, sich in körperlicher und seelischer Hinsicht jedoch gleichwohl unterscheiden. Juristische Sonderregelungen, beispielsweise im Blick auf den Mutterschutz, sind eben nur für Frauen erforderlich, nicht für den Mann. Sicher darf man auch nicht verkennen, dass es weiterhin männliche Vorurteile gegen Frauen in beispielsweise „typischen" Männerberufen gibt und dass Frauen in der Praxis weit weniger in führenden Positionen tätig sind als Männer. Die Einführung einer „Gleichstellungsbeauftragten" und die „Quotenregelung" ändern an dieser Situation nur wenig. Viele Frauen empfinden sich deshalb auch heute noch diskriminiert und unterrepräsentiert. Sie schwanken emotional zwischen Frustration und Aggression und geben diesen Gefühlen unterschiedlich starken Ausdruck. Die Forderungen der alten Frauenbewegung reichen in diesem Sinne ungebrochen in unsere Zeit hinein.

Schuld an dieser Situation sind allerdings auch strukturelle Probleme in Wirtschaft und Gesellschaft und nicht nur eine diskriminierende Haltung der Männer. Der Wunsch nach verwirklichter Gleichstellung von Mann und Frau verbindet sich beispielsweise auch im gemeinsamen Wunsch nach Leistung und Konsum. Aufgrund geschlechtsspezifischer Unterschiede hat die Frau hierbei aber eine ungünstigere Ausgangsposition. Mutterschaft und Berufstätigkeit drängen viele Frauen in eine Doppelrolle, die sie sowohl von ihrer Identitätsfindung als auch von ihren körperlichen Kräften her oft überfordert. Viele versuchen deshalb, diesen Konflikt aufzulösen. Sie lehnen eine Mutterschaft ab oder sie versuchen, die Last mit ihrem Mann zu teilen (Haushalt, Elternzeit). Zudem erwarten sie, dass ihre Situation durch günstige gesetzliche Regelungen verbessert wird (z. B. gesicherte Kindergartenplätze ab dem dritten Lebensjahr oder früher).

Der Wunsch nach Berufstätigkeit der Frau versteht sich zum einen dadurch, dass Frauen lange Ausbildungszeiten in Kauf nehmen und den Beruf, den sie sich hart erarbeitet haben, natürlich auch ausüben möchten. Entscheidender aber ist der beiden Geschlechtern in gleichem Maß eigene Wunsch, an der Wohlstands-, Bildungs- und Freizeitgesellschaft teilhaben zu wollen. Lebensqualität wird weitgehend von Leistungsfähigkeit, Konsum und Wohlbefinden her definiert.

Die praktische Durchsetzung der beruflichen und gesellschaftlichen Gleichstellung der Frau führt letztlich auch zu einer Identitätskrise des Mannes. Klassische Rollenverständnisse werden so grundsätzlich in Frage gestellt, dass auch die Männerwelt verunsichert ist und sich in ihrem Selbstverständnis nur noch schwer definieren kann. Die Zahl der Männer, die sich auf die Rolle des Hausmannes festlegen lassen wollen, bleibt klein. Die Sorge, dass der eigene Arbeitsplatz von einer Frau streitig gemacht werden könnte, ist nach wie vor groß. Auch solche Frauen, die sich in der Aufgabe als Hausfrau und Mutter durchaus wiederfinden können, sind weitgehend verunsichert. Sie fühlen sich durch die fortwährende Propagierung des Bildes der berufstätigen Frau in die Rolle eines häuslichen Dummerchens gedrängt und empfinden ihre Aufgabe als Mutter, Hausfrau und Partnerin ihres Ehemannes als minderwertig. Ansätze zu einem neuen Selbstverständnis als Mann und dem einer selbstbewussten „Familienfrau" bilden sich nur zaghaft heraus. Die Folge der Rollenunsicherheit von Frau und Mann ist eine zunehmend große Zahl von instabilen Ehen und Familien mit all den Folgeerscheinungen, die sich daraus ergeben.

Das Ringen um die praktische Verwirklichung einer Gleichstellung von Mann und Frau, die den geschlechtlichen Besonderheiten beider gerecht wird, ist noch nicht abgeschlossen, wenn sie überhaupt je abgeschlossen werden kann.

G. Feminismus und Gender-Mainstreaming

Während um die Verwirklichung der Ziele der alten Frauenbewegung weiter gerungen wird, hat der Kampf darum durch den Feminismus eine neue Qualität gewonnen. Die in den 70er Jahren von den USA ausgehende Bewegung besteht aus kleinen Kreisen mit meist intellektuellem Hintergrund, ist wenig organisiert, aber gut vernetzt und meldet sich hauptsächlich durch Veröffentlichungen in den unterschiedlichen Massenmedien zu Wort. Sie selbst versteht sich als Fortsetzung der Frauenbewegung. Wie oben schon beschrieben, gibt es Bereiche, in denen man nach wie vor von einer Diskriminierung von Frauen sprechen kann (z. B. die sexuelle Herabwürdigung der Frau in den Medien und in der Werbung). Dem Feminismus geht es allerdings nicht um eine allgemeine Gleichstellung mit dem Mann, sondern um die Überordnung des Weiblichen über das Männliche und letztlich um eine Feminisierung der Gesellschaft.

Der Feminismus entwirft ein neues Frauenbild, das die in der Geschlechtlichkeit bedingten Unterschiede zwischen Mann und Frau durch Überwindung sogenannter „fraulicher Benachteiligung" aufheben will. Als solche Benachteiligungen werden beispielsweise Mutterschaft und Menstruation empfunden, natürlich auch die wirtschaftliche Abhängigkeit vom Mann und die Aufgabe der Kindererziehung. Gesetzesänderungen oder technische Errungenschaften, wie die Zeugung in der Retorte, sollen für die Verwirklichung dieser Vorstellungen sorgen.

Angesichts atomarer Bedrohung, zahlloser Kriege, Kampf um Wirtschaftsräume usw. sieht der Feminismus das Grundübel dieser Welt in der Männlichkeit und ihrer autoritären und offensiven Struktur. Der Feminismus versteht sich deshalb als die einzige Kraft, die diese untergehende Welt noch retten und erlösen kann. Im Prozess der Feminisierung der Gesellschaft will er die destruktive Männlichkeit überwinden und eine Form der weiblichen Sanftheit regieren lassen.

Dieser Denkansatz führt zu einer Vielzahl von Einzelforderungen, die Schritte in diese Richtung einleiten sollen: Auflösung der Kleinfamilie, Alternativen zur Heterosexualität (Gegengeschlechtlichkeit) und vieles mehr. Der Feminismus ist auch in die Theologie eingedrungen und fordert beispielsweise die Überwindung eines Gottesbildes, das männliche Züge trägt: „Gott ist eine Frau." Selbstverständlich gehört auch die Übernahme der Macht in der Kirche mit zum Programm der feministischen Theologie.

Bezeichnenderweise lebt der Feminismus mit einer großen inneren Widersprüchlichkeit. Auf der einen Seite sollen die Beeinträchtigungen des Frauseins, wie etwa die Mutterschaft, überwunden werden, auf der anderen Seite soll gerade eine neue Mütterlichkeit unsere vom Leistungsdruck geprägte Gesellschaft heil werden lassen. Ebenso dringt man beispielsweise mit großer Vehemenz auf die Abschaffung des Abtreibungsparagraphen, während auf der anderen Seite der Schutz der Natur als ideologische Ersatzmutterschaft zelebriert wird. Der Feminismus ist in seiner Gebrochenheit Ausdruck für die tiefe Verunsicherung und den Identitätsverlust der Frau. Darüber kann auch das Selbstbewusstsein vieler Vertreterinnen des Feminismus nicht hinwegtäuschen. Auch wenn die Zahl der engagierten Feministinnen gegenüber der Gesamtzahl der Frauen gering ist und es unterschiedliche Richtungen innerhalb dieser Bewegung gibt, so ist ihr Einfluss auf das Denken der Gesellschaft dennoch erstaunlich groß.

Deutlich weitreichender sind gegenwärtig die Konzepte und Forderungen von Gender-Mainstreaming, die sich aus einem radikalisierten Feminismus heraus entwickelt haben. Sie sprechen jedem Menschen – nicht nur den Frauen – das Recht auf freie Selbstbestimmung seiner sexuellen Orientierung zu. Dabei wird die biologische Festlegung als Mann oder Frau (Sex) durch ein jederzeit auswechselbares „soziales Geschlecht" (Gender) in Frage gestellt. Entscheidend ist daher nicht, ob eine Person biologisch als Mann oder Frau geboren wurde, sondern ob sie sich als Mann oder Frau versteht und in diesem Sinne verhält. Die Gender-Ideologie bezieht dabei unter dem neutral klingenden Begriff der „sexuellen Orientierung" alle Formen von Sexualität mit ein, gleich, ob es sich um lesbische Liebe, Homosexualität, Bisexualität, Transsexualität oder andere Formen von Intersexualität handelt. Jedermann soll zu jeder Zeit frei darüber verfügen können, wie er sich sexuell empfinden und verhalten möchte. Vertreter der Gender-Ideologie fordern die Anerkennung dieser „Freiheit" als verbrieftes Menschenrecht und streben einen Umbau der gesamten Gesellschaft in allen ihren Bereichen an (z. B. in Erziehung, Adoptionsrecht, Sprache, Gesetzgebung ...), bis der Gendergedanke schlussendlich als gesellschaftliche Normalität (daher Gender-Mainstream) empfunden und gelebt wird. Der Kampf um die Durchsetzung dieser Gender-Ideologie wird zurzeit in allen Bereichen unserer Gesellschaft geführt.

H. Die Situation von Gemeinden heute

Wie bereits gesagt, gehen die Veränderungen in der Gesellschaft auch an den Gemeinden nicht vorbei. Das neue Frauenbild des Feminismus und Gender-Mainstreaming werden durch politische Gremien, Schulen und besonders die Medien propagiert und haben natürlich auch Einfluss auf das Denken von Christen. Der Druck, überlieferte christliche Verhaltensweisen zu erklären bzw. Veränderungen herbeizuführen, wächst auch in der Gemeinde stetig.

Viele Frauen aus konservativ geprägten Gemeinden empfinden es als große Spannung, dass sie außerhalb des kirchlichen Lebens weitgehend gleichberechtigt sind und an Entscheidungsprozessen und Führungsaufgaben Anteil haben, während sie in der Gemeinde zum Stillschweigen oder zu Nebenaufgaben verurteilt sind. Die dominierende Rolle, die Männer in der Kirche haben, wird nicht mehr widerspruchslos hingenommen. Das gilt besonders dann, wenn sie sie schlecht ausfüllen. Der Gedanke, dass besser Befähigte – gleich, ob Mann oder Frau – auch die höhere Verantwortlichkeit erhalten sollten, lässt es vielen unverständlich erscheinen, dass Männer nur um ihres Geschlechts willen die Gemeindeleitung und die Verkündigung innehaben dürfen. Biblische Aussagen wie „Das Weib schweige in der Gemeinde" werden als unverständlich, wenn nicht gar anachronistisch empfunden. Viele, besonders jüngere Gemeindeglieder, können sich die Frau auf der Kanzel und als Pastorin problemlos vorstellen. Außerdem wird ihr in vielen Kirchen schon lange die volle Gleichberechtigung gewährt. Die Gliedkirchen der Evangelischen Kirche in Deutschland (EKD), die Methodistische Kirche und zunehmend auch andere Kirchen und Freikirchen kennen keine Funktion und kein Amt, das nicht auch von einer Frau ausgeübt werden kann.

Auch wenn sich die Mehrheit der Frauen nicht in den Ältestendienst drängt oder gar ein Pastorenamt anstrebt, werden doch deutliche Anfragen an die Theorie und Praxis gestellt. Eine Verweigerungshaltung vonseiten der Männer mündet in einen aussichtslosen Abwehrkampf, den die Zeit zu ihren Ungunsten entscheiden wird. Eine opportunistische Angleichung an den „Zeitgeist" wäre aber ebenso verkehrt.

In aufrichtigem Ringen und auch der Bereitschaft, sich kritisch hinterfragen zu lassen, müssen die Traditionen der eigenen Gemeinden neu durchdacht werden. Davon sind auch die Auslegungstraditionen bestimmter Schriftstellen nicht ausgenommen, auf denen die Gemeindepraxis beruht. Die Richtigkeit solcher Auslegungen kann dabei bestätigt werden; es kann aber auch zu einer neuen, aus der Schrift gewonnenen Sicht kommen. Darüber hinaus sind wir es den Frauen der Gemeinde schuldig, sie in ihren Fragen und Problemen ernst zu nehmen und ihnen zu einem konstruktiven Beitrag in der Gemeinde zu helfen. Darin lag die Stärke der frühen Christenheit und auch des Pietismus. Wer verteidigen will, was weder biblisch noch praktisch zu verteidigen ist, wird letztlich die Frauen der Gemeinde genauso wenig ernst nehmen wie der, der resigniert dem Zeitgeist nachgibt. Die Bibel gibt uns klare und verbindliche Normen; wie sie aber in der jeweiligen Zeit und Kultur gelebt werden können und sollen, ist ein durchaus dynamischer Prozess. In diesen Prozess einzutreten und gleichzeitig gegen postmodernen Zeitgeist mutig an klaren biblischen Positionen festzuhalten, ist eine große Herausforderung, der wir uns gemeinsam stellen müssen.

4.3 Brüdergemeinden in der DDR
(Cordula Lindörfer)

Bevor abschließend ein Weg vorgestellt wird, wie Gemeinden zu biblischen und für Männer und Frauen tragbaren Entscheidungen in Bezug auf das Gemeindeleben kommen können, soll der folgende Aufsatz ein Beispiel geben, wie Frauen in der jüngeren Vergangenheit und der besonderen Situation der ehemaligen DDR Wege fanden, die sowohl mit Gemeinde als auch mit Gesellschaft verträglich waren. Während die Brüdergemeinden ein deutlich traditionelles und konservatives Frauenbild pflegten, legte die Regierung der DDR großen Wert auf die völlige Gleichheit von Mann und Frau im Berufsleben. Wie haben Frauen diese Spannung verarbeitet?

Die folgenden Ausführungen sind ein Ausschnitt einer Arbeit zum Master of Theology von Cordula Lindörfer, die selber in Brüdergemeinden im Osten Deutschlands aufgewachsen ist.

Frauen in der Spannung zwischen gesellschaftlichen Normen und Erwartungen der Gemeinde

Im Jahr 2017 wurde Angela Merkel zum wiederholten Mal im Wirtschaftsmagazin „Forbes" zur mächtigsten Frau der Welt gewählt. Zu dieser Liste der 100 mächtigsten Frauen der Welt gehört Merkel seit 2006. Nur einmal in zwölf Jahren musste sie den Spitzenplatz an Michelle Obama abgeben[56]. Diese Macht komme nicht von ungefähr, ist sich das Stern-Magazin sicher[57]. In dem Artikel „Aufstieg Ost" beschreibt es die ostdeutsche Frau als Vorbild für ein modernes Frauenverständnis. „Ostdeutsche Frauen haben keine Angst vor der Macht und gelangen häufiger in Führungspositionen." So sei es auch kein Zufall, dass „Deutschland von einer Ostfrau regiert wird".

Woher kommt dieses Rollenbild der ostdeutschen Frau? Es ist das Produkt von 40 Jahren DDR-Frauenpolitik. Ganz systematisch wur-

---

[56] http://www.welt.de/politik/deutschland/article116427584/Angela-Merkel-bleibt-die-maechtigste-Frau-der-Welt.html [Stand: 03.09.14]

[57] Boldebuck, C. & Sellmair N. 2009. Aufstieg Ost. Stern 5. Nov., S. 48-60

de versucht, die Gleichberechtigung der Frau in der Arbeitswelt herzustellen.[58] Dabei wurden drei Kriterien gezielt gefördert: die Berufstätigkeit der Mutter, die Ausübung von männertypischen Berufen durch Frauen und Frauen in Leitungspositionen. Um eine möglichst durchgängige Berufstätigkeit der Frau zu sichern, wurden staatlich organisierte Kinderbetreuungseinrichtungen gebaut, in der die Kinder so früh wie möglich abgegeben werden konnten. Früh meint sowohl das Alter der Kinder als auch die Tageszeit. So konnten auch schon sechs Wochen alte Babys in die Einrichtung gebracht werden – was allerdings kein Standard war. Dass die Krippe um sechs Uhr morgens bereits geöffnet hatte, war allerdings keine Ausnahme, sondern wurde rege genutzt. Hausfrau und Mutter zu sein – übrigens bis zur Gründung der DDR die Lebensrealität fast aller verheirateter Frauen – galt als nicht mehr erfüllend und erstrebenswert. Darüber hinaus wurden Arbeitskräfte in männertypischen Berufen auf dem Arbeitsmarkt gebraucht. Deswegen wurden diese Berufe den Mädchen früh schmackhaft gemacht. Schlussendlich sollten auch Leitungspositionen von Frauen besetzt werden. Deswegen erhielten manche männertypischen Studiengänge Frauenquoten, um gut geschulte Leiterinnen in dieser Branche hervorzubringen.[59]

In den ostdeutschen Brüdergemeinden wurde die schöpfungsbedingte Gleichwertigkeit beider Geschlechter betont, jedoch auf die gottgegebene Verschiedenheit hingewiesen, die sich in den unterschiedlichen Aufgaben deutlich zeigen.[60] Es gab klar definierte[61] Frauen- und Männeraufgaben. Frauen waren für die Kinder, die Küche und die Reinigung der Räume zuständig. Männer übernahmen die Lehrtätigkeiten und die handwerklichen Aufgaben. Leitungsaufgaben in der Gemeinde – besonders während der Gottesdienste und

---

[58] Trappe, Heike 1995. *Emanzipation oder Zwang? Frauen in der DDR zwischen Beruf, Familie und Sozialpolitik.* Berlin: Akademie. S. 37ff

[59] Zachmann, Karin 2004. *Mobilisierung der Frauen. Technik, Geschlecht und Kalter Krieg in der DDR.* Frankfurt: Campus. S. 255

[60] Schrupp, Ernst 1982. *Die Berufung der Frau. Eine aktuelle Frage – wie gehen wir sie an?* Wort und Werk – Die Botschaft. XXXVI. Jg./Nr. 2, S. 7-8

[61] „Klar definiert" durch den gelebten Alltag, der sich selten bis nie in den einzelnen Gemeinden unterschied.

Bibelstunden – durfte eine Frau nicht übernehmen. Grauzone und damit immer mal wieder Diskussionsthema war beispielsweise die Frage, ob die Leitung der Kinderstunde von einer Frau übernommen werden durfte. Unstrittig war jedoch, dass Mütter ihre Kinder zu Hause betreuten und ihre Berufstätigkeit für weit mehr als die Kleinkindphase aufgaben. Die Krippe wurde nicht akzeptiert, den Kindergarten wollte man nicht als Ganztagesangebot nutzen.

Während meiner Zeit als Jugendreferentin in einer Brüdergemeinde in Ostdeutschland lernte ich einige Frauen kennen, die scheinbar diese beiden unterschiedlichen Rollenbilder – das der DDR-Gesellschaft und das der Brüdergemeinden – in ihrem Leben vereint hatten. Frauen, die in der Gesellschaft leitende Positionen innehatten und das, obwohl sie innerhalb einer Brüdergemeinde sozialisiert waren. Das hat mich neugierig gemacht. Wie war das möglich? Wie sind die Frauen dahin gekommen? Wie gehen sie mit den Widersprüchlichkeiten der beiden Rollenbilder um? Erleben sie die beiden Rollenbilder überhaupt als widersprüchlich? Sind sie sich überhaupt bewusst, dass sie zwei Rollenbilder leben?

Aus dieser anfänglichen Neugier wurde wissenschaftliches Interesse, und ich untersuchte die Thematik in meiner Masterarbeit „Das Selbstverständnis der ostdeutschen Frau in der Brüderbewegung in Mission und Gesellschaft“[62]. Grundsätzliche Hypothese war, dass diese Frauen eine „gewisse Schizophrenie“ in ihrer Identität leben, wie Alfred Kuen auf der Wiedenester Arbeitstagung für leitende Mitarbeiter der Brüdergemeinden in Gesamtdeutschland im Februar 1996 behauptete (Kuen 1996:15). Lebte und forderte die Frau in der Berufswelt Gleichberechtigung, während sie in der Gemeinde eine untergeordnete Rolle akzeptierte und manchmal auch verlangte? Lässt sich so eine Zweigleisigkeit feststellen?

---

[62] http://uir.unisa.ac.za/bitstream/handle/10500/4949/dissertation_lindorfer_c.pdf?sequence=1 [Stand: 04.09.14]

Das Rollenbild

Die fünf Frauen sind aufgrund ihrer Biografie zu sehr verschiedenen Rollenbildern gekommen. Nur eine Interviewpartnerin hat das DDR-Rollenbild in allen Ebenen umgesetzt. Sie wirkt deswegen in ihrem Selbstbild auch am *einheitlichsten*. Sie ist z. B. sowohl in der Gemeinde als auch in ihrem Beruf in verantwortlichen Leitungspositionen tätig. Auch vertritt und lebt sie die Einstellung, dass Aufgaben nicht geschlechtsbezogen verteilt werden sollten.

Alle vier anderen interviewten Frauen sind entweder in ihrem Selbstbild gering bis stark geteilt und/oder es zeigen sich Unterschiede zwischen ihrem theoretischen Rollenverständnis und der von ihnen gelebten Praxis. Ein geteiltes Selbstbild bedeutet, dass sowohl Einflüsse der Gesellschaft als auch Einflüsse der Christlichen Gemeinde vorhanden sind. Ist das Selbstbild gering geteilt, gibt es nur wenig gravierende Unterschiede. Ist es stark geteilt, entsprechen manche Lebensbereiche völlig dem einen Rollenbild, andere völlig dem anderen.

So orientiert sich eine der Frauen für die Gestaltung ihres Berufs- und Familienlebens nur an der DDR-Gesellschaft. Das bedeutet, dass sie fast durchgängig ihre verantwortliche Berufstätigkeit auslebte und nur die gesetzlich vorgeschriebene Zeit zu Hause blieb (ein Jahr, später anderthalb Jahre). Bei Leitungsfragen dagegen wird die Prägung der Brüdergemeinde stark spürbar. Weder in der Gemeinde noch in ihrem Beruf strebte sie die alleinige Hauptverantwortung an.

Die zweite Interviewpartnerin mit einem stark geteilten Selbstbild orientiert sich in Fragen der Berufstätigkeit als Mutter am Rollenbild der Brüdergemeinde. Deswegen hat sie ihren Beruf vor der Geburt des ersten Kindes aufgegeben.[63] In der Gemeinde nimmt sie nur frau-

[63] Die Frage des Wiedereinstiegs ließ sich in ihrem Fall nicht so einfach beantworten, da ihre Mutterschaft in die Wendezeit fiel und damit ihr Betrieb geschlossen wurde. Eine einfache Rückkehr an ihren Arbeitsplatz war somit nicht möglich. Sie hätte sich als Arbeitssuchende in einem neuen Staat auf dem Arbeitsmarkt orientieren müssen – eine größere Hürde für einen Wiedereinstieg. Hätte sie sich bei Aufrechterhaltung ihres Betriebes anders entschieden? Diese Frage ist selbst für die Interviewpartnerin zu spekulativ, um sie beantworten zu können.

entypische Aufgaben wahr. Trotzdem befürwortet sie weiterhin die Berufstätigkeit der Frau und ermutigt junge Frauen, größere Lebensziele zu haben als „Ehefrau und Mutter".

Bei den zwei Interviewpartnerinnen, die ein *gering geteiltes Selbstbild* leben, lebt eine Interviewpartnerin beispielsweise die Berufstätigkeit trotz Kleinkinder aus. Hier lässt sich klar der Einfluss der Gesellschaft ablesen. Sie begründet die Berufstätigkeit mit Einsamkeit und fehlendem Sinn in der Häuslichkeit: „Also mir wär das zu wenig gewesen, nur Mutter und Hausfrau"[64]. Trotzdem ist sie von diesem Einfluss nicht so stark geprägt wie Frauen der Gesellschaft es waren. Sie lebt Berufstätigkeit nicht um jeden Preis. Das Wohl der Kinder, die Vereinbarkeit von Familie und Beruf begrenzen die Berufstätigkeit. Ein Krippenplatz wäre auch für sie nicht in Frage gekommen. Ähnlich ist es auch in Fragen der Leiterschaft und Gleichberechtigung.

Beide Frauen, die diesem Selbstbild zugeordnet wurden, reflektieren diese beiden Einflüsse, wollen aber kein zweigeteiltes Leben führen. Sie bemühen sich um eine einheitliche Einstellung. Zum Beispiel orientieren sie sich in der Frage, wer als Leiter die Letztverantwortung trägt, sowohl im Beruf als auch in der Gemeinde eher an den Vorgaben der Gemeinde. Deswegen kommt es für sie nicht in Frage, richtungsweisende Entscheidungen in der Gemeinde zu fällen oder die alleinige Hauptverantwortung im Beruf zu übernehmen. In der Frage der gleichberechtigten Aufgabenverteilung orientieren sich beide etwas mehr an der Gesellschaft. Sie leben eine gabenorientierte Aufgabenverteilung in Beruf und Gemeinde. In beiden Domänen sind sie z. B. Bereichsleiterinnen.

---

[64] Lindörfer, Cordula 2011. *Das Selbstverständnis der ostdeutschen Frau in der Brüderbewegung in Mission und Gesellschaft.* im Internet http://uir.unisa.ac.za/bitstream/handle/10500/4949/dissertation_lindorfer_c.pdf?sequence=1 [Stand 04.09.14]

Die Reflexion

Alle Frauen überprüften ihr Selbstbild auf Grundlage der Bibel und kamen zu dem Ergebnis, dass sie den biblischen Maßstäben in Ehe und Familie, Beruf und Gemeinde entsprechen.

Die Frauen, die ein *stark geteiltes Selbstbild* haben, begründen ihre Entscheidungen in den jeweiligen Lebensbereichen ausführlich. Das von ihnen gelebte Selbstbild erscheint ihnen biblisch korrekt. Trotzdem gibt es einige Unstimmigkeiten in ihrer Argumentation. So sind die Begründungen z. B. nicht rein biblisch, sondern haben viele persönliche, pragmatische und biologische Aspekte. Deswegen zeigen sich z. T. auch Unterschiede zwischen ihrem theoretischen Rollenverständnis, das sie aus der Lehre der christlichen Gemeinde nehmen, und der von ihnen gelebten Praxis. Weiter nehmen die Frauen die Teilung ihres Selbstbildes nicht bewusst bzw. nicht als störend wahr. Die Teilung ist Teil ihrer Identität und hilft ihnen, ihren Platz und ihre Aufgaben im Leben zu finden und ihre Gaben zu erklären und einzusetzen.

Die Reflektion der Rollenbilder durch die Gemeinde fand überhaupt nicht statt. Eine Interviewpartnerin antwortet auf die Frage, ob die Gemeinde Empfehlungen an Mütter gegeben hat bzgl. ihrer Berufstätigkeit: „Ich glaub, da gab's bei uns gar keine Diskussion."

Die beiden Frauen, die ein *gering geteiltes Selbstbild* haben, reflektieren diese beiden Einflüsse, wollen aber kein zweigeteiltes Leben führen. Sie bemühen sich um eine einheitliche Einstellung. Die Begründung des Selbstbildes ist ausführlich. Ihr Berufsleben nimmt eine wichtige Position in ihrem Leben ein. Beide Frauen standen mindestens eine Zeit lang in Kontakt mit Frauen anderer Gemeinderichtungen, die sie geprägt haben. Trotz des nur gering gespaltenen Selbstbildes spüren die Interviewpartnerinnen dieser Kernkategorie auch den Unterschied zu anderen Frauen aus Brüdergemeinden. Sie erleben aber nur geringe Kritik – meistens im Sinne von wortlosem Nicht-Einverstanden-Sein. Eine Frau spricht sogar von Ermutigung und Unterstützung.

Die Interviewpartnerin mit dem *einheitlichen Selbstbild* hat die unterschiedlichen Einflüsse der beiden Rollenbilder wahrgenommen, hat es jedoch geschafft, in den Lebensbereichen Beruf und Gemeinde eine einheitliche Position zu leben. Interessant ist, dass sie keine Kritik für ihr Selbstbild erfahren hat, obwohl im Vergleich zu anderen Frauen der Unterschied stark spürbar war. Es gab auch kein Vorbild für die Interviewpartnerin und auch keine Position ihrer Gemeinde gegenüber dem gesellschaftlichen Rollenbild.

Eine Unterstützung der Reflexion des gelebten Selbstbildes von außen hat fast keine Frau erhalten. Ihre Gemeinden haben fast nie Position zu den unterschiedlichen Frauenbildern bezogen. Diese Wahrnehmung entspricht auch der erforschten Wirklichkeit. Es gibt fast keine Literatur innerhalb der ostdeutschen Brüderbewegung[65], die sich mit dieser Frage auseinandersetzt. Auch auf persönliche Nachfragen bei Predigern (damals „Reisebrüder" genannt) bestätigt sich das Bild. „Die Rolle der Frau war gar keine Frage oder kein Problem." So schrieb Karl-Heinz Vanheiden (2010)[66] in einer persönlichen E-Mail: „Ich selbst kann mich nicht erinnern, damals darüber gepredigt zu haben. Die Arbeit funktionierte halt. Frauen haben überall mitgearbeitet, außer in der Predigt oder in der Brüderstunde."

Die Hypothese der Zweigleisigkeit

Die Frage nach der Zweigleisigkeit beinhaltete die These, dass die Frauen, die von zwei Rollenbildern geprägt sind, zwei unterschiedliche Verhaltensweisen in den jeweiligen Lebensbereichen an den Tag legen, das heißt, dass sie sich im Beruf beispielsweise in punkto Leiterschaft anders verhalten als in der Gemeinde. Diese Hypothese ließ sich nicht bestätigen. Die Frauen, die ein *stark geteiltes Selbstbild* leben, haben sich aus einem sozialen Raum (Gemeinde oder Gesellschaft) fast vollständig zurückgezogen, um die eigene Identität

65 Es war allerdings generell schwierig, für die Brüderbewegung innerhalb der festen Vorgaben der DDR Literatur zu produzieren.
66 Karl-Heinz Vanheiden war lange Jahre Reisebruder bzw. Prediger in der DDR.

einheitlicher ausleben zu können. Ihre Identität und ihre Lebensaufgaben finden sich aktuell nur in einem Lebensbereich: entweder in der Gemeinde oder in der Gesellschaft. Frauen, die ihren Fokus für Identität und Aufgaben auf die Gesellschaft legen, sind in der Gemeinde fast nur noch anwesend. Ihr Christsein in der Gesellschaft leben sie getrennt von der Gemeinde durch ihren Beruf oder durch gesellschaftliches Engagement. Liegt andersherum der Fokus in der Gemeinde, wird das Christsein der Frau in der Gesellschaft nur noch über die Gemeinde gelebt. Ihr ganzes Leben und alle ihre Aufgaben spielen sich dort ab. Auch das zeugnishafte Christsein wird in der Gesellschaft nur durch den Katalysator Gemeinde gelebt.

Das Resultat des *gering geteilten Selbstbildes* ist, dass die Identität der Interviewpartnerinnen zwar in der Gesellschaft liegt, jedoch trotzdem in beiden Bereichen – Gesellschaft und Gemeinde – Aufgaben gesehen und ausgelebt werden. Ihre persönliche Erfüllung finden die Frauen stärker dort, wo ihre lebensgeschichtlichen Erfolge liegen: in der Gesellschaft. In der Gemeinde fühlen sie sich oft ausgebremst in ihren Gaben und ihrer Persönlichkeit. Deswegen bietet sich die Gemeinde auch nicht als identitätsstiftender Raum an.

Die Interviewpartnerin mit dem *einheitlichen Selbstbild* findet sowohl ihre Identität als auch die Lebensaufgaben nicht nur in der Gesellschaft, sondern auch in der Gemeinde. Das Engagement, die Entfaltungsmöglichkeiten und die Verantwortung sind in beiden Bereichen gleich groß. Das Christsein wird in der Gesellschaft durch die Gemeinde, den Beruf und gesellschaftliches Engagement gelebt.

Fazit (Uli Neuenhausen)

Diese Berichte von Cordula Lindörfer werfen einen guten Blick auf die Spannungen, die Frauen in einer modernen Gesellschaft ausgeliefert sind. Sie zeigen aber auch, dass es durchaus unterschiedliche Lösungen geben kann. Welche Lösung passend ist, hängt dabei sowohl von der Frau selbst als auch von der Gemeinde ab. Das bedeutet, dass im Ringen um die Anwendung biblischer Texte auf heutige Gemeindesituationen am Ende nicht eine einzige Lösung für alle Gemeinden aller Zeiten gefunden werden wird. Die biblischen Aussagen bleiben selbstverständlich gültig durch alle Zeiten und Kulturen hindurch. Es geht nicht um eine Hinterfragung der Bibel. Vielmehr geht es darum, wie die Texte selbst verstanden werden wollen und dann angewendet werden können. In Teil 3 wurde deutlich, dass es der Bibel vor allem um die Beziehungsfragen zwischen Mann und Frau geht. Die Anweisungen an die Frauen sind keine „metaphysischen Prinzipien", sondern zielen auf eine Ordnung zwischen Männern und Frauen, die zum Frieden beiträgt, Beziehungen fördert, gutes Beispiel für viele Menschen und damit Hinweis auf das Evangelium ist.

Wie kann man nun in den Gemeinden einen gemeinsamen Weg zu einer guten, wertschätzenden und dem Evangelium entsprechenden Praxis finden? Das soll im letzten Kapitel geklärt werden.

4.4 Vier Wege zur Einheit in der Gemeinde

Streit in der Gemeinde! Wie bitter, wenn jahrelange gute Arbeit in wenigen Monaten durch Streit zerlegt und auf Eis gelegt wird. Oft spielt die Persönlichkeit der Beteiligten eine dramatische Rolle dabei. Es kann aber auch passieren, dass unterschiedliche Auffassungen über Aussagen der Bibel eine Gemeinde und manchmal sogar eine ganze Bewegung auseinanderreißen. Das ist umso bedauerlicher, wenn der Streit bei allen Beteiligten aus bestem Wissen und Gewissen geschieht, in dem Bemühen, dem Wort Gottes gerecht zu werden.

Wie kann man mit solchen Streitigkeiten in der Gemeinschaft umgehen? Sie ignorieren? Sich trennen? Den kleinsten gemeinsamen Nenner finden? Wenn sich dann mit bestimmten theologischen Positionen auch noch persönliche Befindlichkeiten verbinden, ist die Gemeinschaft ernsthaft gefährdet. Totschweigen nützt dann nichts, denn die Unterschiede brodeln im Verborgenen weiter. Es braucht einen Prozess, der eine offene und ehrliche Aussprache ermöglicht und zum Ziel der Einheit der Gemeinde führt. Paulus leitet zu diesem Abschnitt über Frauen in der Gemeinde in 1 Korinther 14,33-35 über mit den Worten:

Denn Gott ist nicht ein Gott der Unordnung, sondern des Friedens.

Es geht also um Frieden. Das Ziel ist nicht eine bestimmte Form der Gemeinde oder der Gottesdienste, sondern Frieden zwischen Männern und Frauen, der den Frieden von Jesus Christus widerspiegelt. Das Ziel der Auslegung der Bibel ist nicht, dass am Ende ein Ausleger die besten Argumente und damit für immer recht hat. Vielmehr ist es das Ziel, dass die Gemeinde eine Lösung findet, die sie vereinbaren kann mit ...

a. ... ihrem Gewissen

b. ... ihrer Erkenntnis aus der Bibel

c. ... ihrem missionarischen Auftrag für Männer und Frauen

d. ... ihrer Gemeinschaft in all ihrer Unterschiedlichkeit

Schon kurz nach Entstehen der ersten Gemeinde kam es zu Streit und drohte eine Spaltung. Anhand Apostelgeschichte 10-15 können wir lernen, wie wir als Gemeinde einen solchen Streit lösen.

Vier Schritte zur Einheit

Petrus war schon immer spontan. Oft war er der erste der Jünger, der Jesus antwortete oder auch mal schwierige Fragen stellte.[67] Er ist derjenige, der Jesus bittet, ihn auf dem Wasser gehen zu lassen.[68] Er macht Vorschläge, wie zu handeln ist.[69] Er verspricht, Jesus niemals zu verleugnen, im Unterschied zu den anderen Jüngern.[70] Kein Wunder, dass er auch in schwierigen theologischen Fragen durchaus spontan handeln kann. In Apostelgeschichte 10 trifft Petrus nach einer sehr ungewöhnlichen Aufforderung von Gott den heidnischen Hauptmann Kornelius. Dieser Hauptmann ist definitiv kein Jude, und das klarste Zeichen dafür ist, dass er nicht als Kind beschnitten wurde. Juden nannten diese Leute „Unbeschnittene" und manchmal sogar verächtlich „Hunde"[71]. Zwar hatte der Evangelist Philippus schon in Apostelgeschichte 8,27ff einen „echten" Heiden getauft, aber der war ein Eunuch der äthiopischen Königin gewesen.[72] Insofern stellte sich da die Frage der Beschneidung nicht, denn der Mann war kastriert.

Mit dem Hauptmann Kornelius aber ist es anders. Petrus predigt ihm und seiner Familie und allen seinen Angestellten, sie bekehren sich und bekommen deutlich erkennbar den Heiligen Geist.[73] Hier steht Petrus vor einem Problem. Bisher war die Haltung der ersten Gemeinde eindeutig, dass nur Beschnittene Christen werden konn-

---

[67] Matthäus 15,15; 16,16.22; 18,21; 19,27

[68] Matthäus 14,28

[69] Matthäus 17,4

[70] Matthäus 26,33.35

[71] Matthäus 15,26

[72] Apostelgeschichte 8,27 wird meist mit „Kämmerer" übersetzt, im Griechischen aber steht hier tatsächlich das Wort *eunouchos*. Wer in den Kammern der Königin diente, durfte aus Gründen des Anstands kein zeugungsfähiger Mann sein. Es kamen nur Frauen oder eben kastrierte Männer in Frage.

[73] Apostelgeschichte 10,44-46

ten. Wer also Mann und unbeschnitten war, hätte zuerst Jude werden müssen, bevor er getauft werden konnte. Jetzt aber gab Gott seinen Heiligen Geist Menschen, die eindeutig keine Juden waren. Vielleicht kommt es uns heute seltsam vor, dass ein theologisches Detail damals so eine große Bedeutung gehabt haben soll. Die Beschneidung war aber nicht einfach nur ein Gesetz, auf dessen Einhaltung die Gemeinde bestanden hätte. Sie wurde viele hundert Jahre vor dem Gesetz am Sinai angeordnet und gehörte zum grundsätzlichen Erkennungszeichen des Volkes Gottes.[74] Gott befahl schon Abraham, die Beschneidung als Zeichen für den Bund zwischen Gott und ihm durchzuführen. Jesus hatte dieses Zeichen nie in Frage gestellt. Zwar profitierten einige Heiden von seinem Dienst, aber grundsätzlich beschränkte auch Jesus das Heil Gottes auf Israel.[75] Es gab also keinen Anlass für die frühe christliche Gemeinde, Nicht-Juden zu taufen. Jeder Heide war ja frei, Jude zu werden und konnte dann auch unter diesen Bedingungen getauft werden.[76] Nun aber entscheidet Petrus ohne weitere Diskussion und Rückfrage bei den anderen Aposteln, dass Heiden unbeschnitten getauft werden. Das war eine Revolution und in jeder Hinsicht spontan. Es erklärte sich aus der Vision[77], die Petrus vorher gehabt hatte, und die Sprachenrede[78], die diesen Heiden als Gabe geschenkt wurde. Wie so oft entstanden auch hier die theologischen Fragen und Spannungen aus den Erfahrungen in der Mission. Wo Gemeinden unterwegs sind, Menschen zu erreichen, die völlig außerhalb der Gemeinde leben, da entstehen immer wieder neue Herausforderungen für die Theologie der Gemeinde. Ob es die Bekehrung afrikanischer Stammesangehöriger vor über 100 Jahren war, mit der Frage, wohin jetzt mit den vielen Ehefrauen vor allem der Häuptlinge, oder ob es heute die Bekehrung eines homosexuellen Paares, vielleicht noch mit adoptiertem Kind ist – Mission bringt unvermeidbar neue theologische und ethische Fragen in die

[74] 1 Mose 17,10-11

[75] Matthäus 10,5-6 und 15,24

[76] Apostelgeschichte 6,5 wird der Proselyt Nikolaus erwähnt. Der Begriff Proselyt wurde für Heiden verwendet, die Juden geworden waren. Dieser Proselyt wurde dann offensichtlich auch Christ und genoss sogar das Vertrauen der christlichen Gemeinde in Jerusalem.

[77] Apostelgeschichte 10,10-16

[78] Apostelgeschichte 10,44-46

Gemeinde. Nur Gemeinden, die sich abschotten, können mit einer praktischen Theologie leben, die sich seit 100 oder 200 Jahren nicht mehr geändert hat. Die Bibel bleibt unverändert Gottes Wort, aber ihre Auslegung und Anwendung muss in jeder Zeit und Kultur neu gefunden werden. So kommt es auch in der frühen christlichen Gemeinde erst mal zum Streit über „Bibeltreue":

Apostelgeschichte 11 [1] *Die Apostel aber und die Brüder, die in Judäa waren, hörten, dass auch die Nationen das Wort Gottes angenommen hatten;* [2] *und als Petrus nach Jerusalem hinaufkam, stritten die aus der Beschneidung mit ihm* [3] *und sagten: Du bist bei unbeschnittenen Männern eingekehrt und hast mit ihnen gegessen!*

Petrus erläutert seinen Gegnern, warum er sich für ihre Taufe entschieden hat und dass Gott dies überdeutlich bestätigt hat.

Apostelgeschichte 11 [18] *Als sie aber dies gehört hatten, beruhigten sie sich und verherrlichten Gott und sagten: Dann hat Gott also auch den Nationen die Buße gegeben zum Leben.*

Damit ist schon mal die erste und wichtigste Regel für theologische Auseinandersetzungen gegeben:

Miteinander reden und einander zuhören

Wenn sich die Beteiligten erst mal vor Unterstellungen hüten und dem anderen glauben, dass er mit gutem Gewissen und aus missionarischer Überzeugung gehandelt hat, ist viel gewonnen. Petrus kann so den ersten Streit wieder beruhigen. Aber es bleibt nicht dabei. Immer wieder bricht die Frage nach der Beschneidung auf, verstärkt noch durch den Dienst von Paulus und Barnabas unter unbeschnittenen Heiden:

Apostelgeschichte 15 [1] *Und einige kamen von Judäa herab und lehrten die Brüder: Wenn ihr nicht beschnitten worden seid nach der Weise Moses, so könnt ihr nicht errettet werden. [2] Als nun ein Zwiespalt entstand und ein nicht geringer Wortwechsel zwischen ihnen und Paulus und Barnabas, ordneten sie an, dass Paulus und Barnabas und einige andere von ihnen zu den Aposteln und Ältesten nach Jerusalem hinaufgehen sollten wegen dieser Streitfrage.*

Die theologische Frage nach der Beschneidung wird schließlich so drängend, dass sie zentral von den wesentlichen Verantwortlichen mit entschieden werden muss. Jetzt folgt ein Prozess, in dem man vier wichtige Schritte erkennen kann. Diese vier Schritte sind alle Teile der Lösung, und auf keinen davon kann verzichtet werden:

1. **Gemeinsames Gespräch mit allen Beteiligten**:

   Apostelgeschichte 15 [4] *Als sie aber nach Jerusalem gekommen waren, wurden sie von der Gemeinde und den Aposteln und Ältesten aufgenommen, und sie verkündeten alles, was Gott mit ihnen getan hatte. [5] Einige aber von denen aus der Sekte der Pharisäer, die gläubig waren, traten auf und sagten: Man muss sie beschneiden und ihnen gebieten, das Gesetz Moses zu halten. [6] Die Apostel aber und die Ältesten versammelten sich, um diese Angelegenheit zu besehen.*

   Im ersten Schritt kommen alle zu Wort. Auch die extremeren Positionen werden gehört. Die Pharisäer gehörten früher teilweise zu den erbitterten theologischen Gegnern von Jesus. Trotzdem wird ihnen erlaubt, ihren Standpunkt darzulegen.

2. **Bericht aus den Erfahrungen der Mission/Praxis**:

   Apostelgeschichte 15 [8] *Und Gott, der Herzenskenner, gab ihnen Zeugnis, indem er ihnen den Heiligen Geist gab wie auch uns; [9] und er machte keinen Unterschied zwischen uns und ihnen, da er durch den Glauben ihre Herzen reinigte.*

Mission macht insofern einen Unterschied, dass hier Gott bei der Arbeit beobachtet werden kann. Bei der Beschneidung schafft Gottes Handeln plötzlich Fakten, die die bisherige Theologie in Frage stellen. Für einige der Christen steht damit die Glaubwürdigkeit der Bibel auf dem Spiel. Was ist jetzt der richtige Maßstab für die Beurteilung: Die bisherige Praxis, die als bibeltreu und gottesfürchtig verstanden wurde, oder das Handeln Gottes, das diese Praxis in Frage stellt und einen anderen Weg weist? Mit dem Praxisbeispiel Mission ist diese Diskussion noch nicht beendet. Weder „Dogmatismus" noch „Pragmatismus" setzen sich durch, denn es muss erst abgesteckt werden, ob es denn von der Bibel her einen anderen Weg für die Praxis geben könnte.

3. **Auslegung der Bibel:**

Jakobus ist derjenige, der die Frage angeht, ob die Bibel selbst Raum für eine andere Interpretation der Praxis lässt.

Apostelgeschichte 15 [13] *Als sie aber schwiegen, antwortete Jakobus und sprach: Ihr Brüder, hört mich!* [14] *Simon hat erzählt, wie Gott zuerst darauf gesehen hat, aus den Nationen ein Volk zu nehmen für seinen Namen.* [15] *Und hiermit stimmen die Worte der Propheten überein, wie geschrieben steht:* [16] *«Nach diesem will ich zurückkehren und wieder aufbauen die Hütte Davids, die verfallen ist, und ihre Trümmer will ich wieder bauen und sie wieder aufrichten;* [17] *damit die übrigen der Menschen den Herrn suchen und alle Nationen, über die mein Name angerufen ist, spricht der Herr, der dieses tut»,* [18] *was von jeher bekannt ist.* [19] *Deshalb urteile ich, man solle die, welche sich von den Nationen zu Gott bekehren, nicht beunruhigen,* [20] *sondern ihnen schreiben, dass sie sich enthalten von den Verunreinigungen der Götzen und von der Unzucht und vom Ersticken und vom Blut.*

Eigentlich spricht der von Jakobus zitierte Text nicht von Beschneidung. Er ist außerdem aus mindestens zwei Bibelstellen gemischt, dem Anfang aus Jeremia 12 und einem weiteren Text aus Amos 9. In der hebräischen Bibel klingt dieser Text auch etwas anders.[79] Trotzdem wird die Auslegung des Jakobus von den Anwesenden akzeptiert. Das liegt sicher auch an seiner Autorität als Leiter der Gemeinde in Jerusalem und „Chef-Theologe"[80]. Und es liegt auch daran, dass Gott durch sein Handeln neue Fakten geschaffen hat, die nun zu neuen Interpretationen der Bibel führen.

4. **Wirken des Heiligen Geistes:**

Irgendwo in diesem Prozess ist auch der Heilige Geist einbezogen:

Apostelgeschichte 15 [28] *Denn es hat dem Heiligen Geist und uns gut geschienen, keine größere Last auf euch zu legen als diese notwendigen Stücke:* [29] *euch zu enthalten von Götzenopfern und von Blut und von Ersticktem und von Unzucht. Wenn ihr euch davor bewahrt, so werdet ihr wohl tun. Lebt wohl!*

Der Text verrät nicht, wie Jakobus den Heiligen Geist erlebt hatte. Gab es eine Gebetsgemeinschaft mit zu Gott hin „geöffnetem Gebet" und der Bereitschaft, sich über Propheten etwas sagen zu lassen? Sprach der Heilige Geist ähnlich wie schon in Apostelgeschichte 13,2? Auf jeden Fall ist deutlich, dass ein Prozess zur Entscheidung von theologisch-praktischen Fragen in der Gemeinde auch das Gebet und die Stille und das Hören vor Gott braucht.

---

[79] Amos 9 [11] *An jenem Tag richte ich die verfallene Hütte Davids auf, ihre Risse vermauere ich, und ihre Trümmer richte ich auf, und ich baue sie wie in den Tagen der Vorzeit,* [12] *damit sie den Überrest Edoms und all die Nationen in Besitz nehmen, über denen mein Name ausgerufen war, spricht der HERR, der dies tut.*

[80] Siehe Galater 2, wo Petrus sich vor einer Gruppe von Theologen fürchtet, die aus Jerusalem von Jakobus gesandt nach Antiochien kommen, wo Petrus ist.

Im Modell könnte dieser Prozess so aussehen:

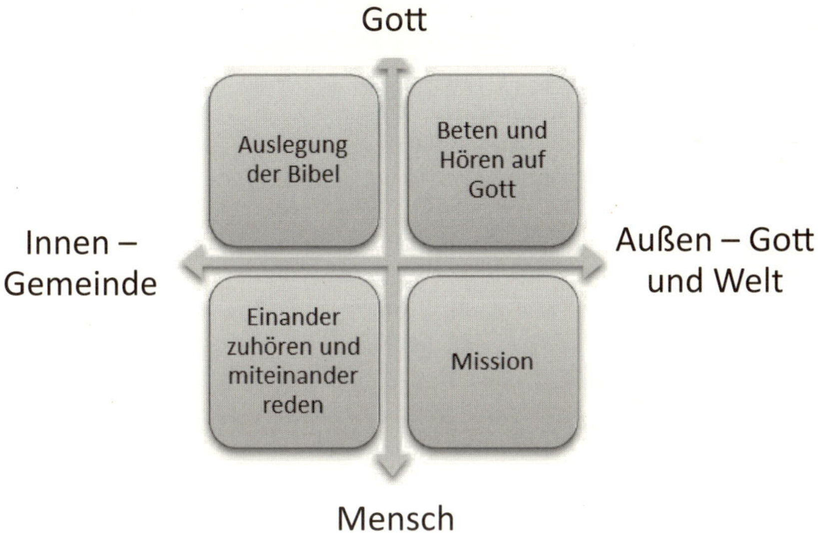

Jeder Quadrant schildert einen Aspekt eines gemeinsamen Klärungsprozesses. Dabei geht es nicht um ein demokratisches Nebeneinander dieser vier Aspekte. Die Bibel ist und bleibt wahr in allen ihren Aussagen. Sie wird nicht durch Praxiserfahrungen der Mission oder Abstimmungen in der Gemeinde, noch nicht mal durch prophetische Eingebungen aufgehoben. Es geht nicht darum, ob die Bibel relativiert werden kann. Das ist ausgeschlossen. Es geht vielmehr um die unterschiedlichen Wege, sie zu verstehen, auszulegen oder anzuwenden. Wie ist die Bibel in unser heutiges Leben zu übersetzen?

Die Beschäftigung mit der Heiligen Schrift und die Diskussion der Ergebnisse in der Gemeinschaft sind Prozesse nach innen. Hier ist die Gemeinde im Gespräch mit sich selbst. Sie hört auf ihre Lehrer und führt darüber das Gespräch unter Leitung ihrer Hirten. Sie sucht die Wahrheit in der Schrift und im gemeinsamen Gespräch miteinander über die Schrift. Sie hört auf Gottes Wort und achtet darauf, wie in der Gemeinde Menschen dieses Wort auf sich und die Gemeinschaft beziehen. Deshalb dominieren in der Gemeinde auch nicht automatisch die Lehrer. Nicht der setzt sich durch, der die größte Bildung hat. Die Gemeinde geht den Prozess der Wahrheitsfindung als gemeinsamen Weg, und sie überträgt diesen Prozess nicht einigen wenigen Spezialisten. Die Lehrer der Gemeinde dürfen und müssen sich äußern. Aber damit endet der Prozess nicht. Danach muss Gelegenheit sein, Fragen zu stellen, Bedenken zu äußern oder alternative Auslegungen vorzuschlagen.

Das Gebet um Erleuchtung durch den Heiligen Geist und die Frage danach, wie Gott heute an Menschen dieser Gesellschaft wirkt und sich ihnen deutlich macht, sind Prozesse nach außen. Hier geht es nicht um die Gemeinschaft und ihre Ansichten, sondern einmal um Gott, um Weisheit von oben, um Erleuchtung und Führung in schwierigen Fragen. Dann geht es um die Menschen, die das Evangelium brauchen. Wie können sie das Evangelium im Leben der Gemeinde entdecken und durch die Worte der Gemeinde verstehen?

Leitung durch Gottes Geist

Im Quadranten rechts oben ist das Mitwirken des Heiligen Geistes angesprochen. Menschen können natürlich nicht steuern, wie und wann Gottes Geist uns erleuchtet. Es gibt jedoch die Aufforderung in der Bibel, um Weisheit zu beten (Jakobus 1,5). Es gibt Erleuchtung durch den Heiligen Geist (Epheser 1,18). Deshalb gehört zu jedem Prozess des Verstehens das Gebet, das Hören auf Gottes Wort, das betende Nachdenken über Gottes Wort – auch als Gemeinschaft.

Wenn Männer und Frauen in der Gemeinde gemeinsam beten und ernsthaft hinhören, was Gott ihnen klarmacht, geben sie Gott eine Chance, sich tatsächlich zu äußern. Das ist ein Ausdruck von Respekt Gott gegenüber, dass vor allen eigenen Meinungen und Standpunkten Gott selbst zu unseren Herzen sprechen darf. Es ist auch ein Ausdruck von Respekt voreinander, dass wir einander glauben, wenn Gott uns etwas deutlich macht. Sicherlich muss alles geprüft werden, was wir im Gebet wahrnehmen (1 Thessalonicher 5,21). Wichtig ist aber, dem anderen zu vertrauen, dass er Gott nicht leichtfertig vor seinen eigenen theologischen Karren spannt.

Leitung durch Gottes Wort

Links oben finden sich die Ergebnisse der Forschung, des Lernens: die Lehre. In sorgfältiger theologischer Recherche, Auslegung und Studium von Lexika, Kommentaren etc. ringen Menschen um die Bedeutung von biblischen Texten für die Gemeinde. Das sind oft die Spezialisten in einer Gemeinde. Sie tun einen unschätzbaren Dienst, weil sie sich die Zeit nehmen, gründlich den Text zu erforschen. Dennoch dürfen ihre Ergebnisse nicht die einzige Grundlage sein, mit der eine Frage entschieden wird.

Sowohl das, was wir im Hören auf Gott an Einsichten geschenkt bekommen (Erleuchtung, Prophetie, Erkenntnis), als auch das, was wir uns am Text der Bibel erarbeiten (Wissen, Information, Lehre), hat seinen Wert. Es muss beides geben und hat beides seine Berechtigung. Der Geist und das Wort gehören nach der Schrift zusammen (z. B. Johannes 6,63), und weder der Bibelspezialist noch der Anbetungsenthusiast dürfen alleine die Gemeinde dominieren – ihre Einsichten und Erkenntnisse sollten sich ergänzen.

Der dritte Teil dieses Buches hat versucht, den biblischen Rahmen für das Thema „Männer und Frauen in der Gemeinde" abzustecken. Dabei ging es nicht darum, die „eine" perfekte Lösung zu finden. Die Bibel lässt immer Raum für Interpretation und Übersetzung in eine Kultur oder Situation. Deshalb war der dritte Teil keine „endgültige" Antwort, sondern eher die Beschreibung eines Raums, innerhalb dessen wir uns guten Gewissens der Bibel und Gott gegenüber bewegen können. Es gibt innerhalb dieses Raums noch viele unterschiedliche Möglichkeiten, die Praxis der Gemeinde zu gestalten.

Wie viel Interpretation und Übersetzung möglich ist, ist sicherlich umstritten. Deshalb ist Auslegung nicht die einzige Lösung für theologische Konflikte, sondern eben nur einer von vier wichtigen Schritten. Am Ende können nicht nur die Lehrer entscheiden, wohin es mit der Gemeinde geht, sondern müssen es zusammen mit denen tun, die auf Gott hören, den Blick für Verlorene haben und ein Anliegen dafür, die Gemeinde in herzlicher Einheit zusammenzuhalten.

Berücksichtigung der Mission

Die Auslegung der Bibel geschieht nicht im leeren Raum, sondern immer mitten im Leben. Blutleere Erklärungen ohne Bezug zum richtigen Leben oder Forderungen, die weder biblisch sicher noch praktisch anwendbar sind, passen nicht zu den Absichten, die Gott mit seinem Wort verfolgt. Manchmal hilft die spezielle Herausforderung der Mission oder Evangelisation, eigene Standpunkte und Verständnisse zu hinterfragen. Der Streit über die Beschneidung in der Apostelgeschichte beginnt mit einer Missionserfahrung von Petrus: Gott gibt seinen Geist in Menschen, die nicht beschnitten sind. Ohne diese Erfahrung hätte es keinen Grund gegeben, die Notwendigkeit der Beschneidung zu bezweifeln.

Anders gesagt: Die Theologie muss den Spuren des Geistes Gottes folgen, nicht umgekehrt. Der Heilige Geist wird sich nicht in das Gefängnis unserer Theologie sperren lassen. Er will uns leiten, nicht umgekehrt (Römer 8,14).

Wenn Menschen zu einer Gemeinde dazukommen, die mit Traditionen und Denkweisen nicht vertraut sind, dann bringen sie möglicherweise einen neuen, frischen Blick auf biblische Aussagen mit. Sie haben Gott vielleicht in einer Weise erlebt, die so noch nicht in der Gemeinde vorkam. Ihre Erfahrungen und Deutungen sind eventuell eine Herausforderung an die Gemeinde. Es gibt kaum einen besseren Weg, das Denken der Christen fit und offen zu halten. Menschen, die von außen neu in die Gemeinde kommen, sind eine Hilfe, eingefahrene Bahnen von Denken und Auslegung zu erkennen und neu zu überprüfen, ob wir die Bibel richtig verstehen.

In Bezug auf unser Thema kann das heißen, dass die bisherige Praxis der Gemeinde neu erklärt oder vielleicht sogar geändert werden muss. Dabei tauchen möglicherweise viele neue Fragen auf, wie zum Beispiel:

- Wenn eine Frau die Begabung zum Leiten und Lehren hat, wo soll sie sie einsetzen?

- Männer treffen in der Verkündigung oft nicht die Situation der Frauen. Wie stellt eine Gemeinde sicher, dass Frauen Nachfolge nicht nur von Männern, sondern auch von Frauen lernen (Titus 2,3-4)?

- Wieso dürfen und sollen Frauen Kinder lehren und damit viel mehr Einfluss auf die Theologie der Gemeinde nehmen als es ein Prediger vor Erwachsenen je kann?

- Wie kann man in einer Gemeinde Wertschätzung für Frauen ausdrücken? Wie geht das in einer Kultur, in der die alleinige Präsenz von Männern auf der Bühne oder vor der Gemeinde als Herabsetzung für Frauen empfunden wird?

- Wie sollen Frauen damit umgehen, wenn Männer langweilig oder sogar gesetzlich und irreführend predigen? Wie kann man mit dem Eindruck umgehen, dass ein Mann, der schlecht und eventuell sogar falsch predigt, immer noch besser ist als die lehrmäßig begabteste Frau?

- Wieso gilt das Schweigegebot oder Lehrverbot nur auf der Kanzel, nicht aber im Hauskreis oder im persönlichen Gespräch, wo von Frauen sogar erwartet wird, dass sie ihren Glauben anderen erklären?

- Umfasst das Lehrverbot tatsächlich die Predigt oder geht es um Lehrentscheidungen?

Wahrscheinlich könnte man diese Fragen noch beliebig fortführen. Deutlich wird, dass unsere „Theorien“ den Abgleich mit der Praxis brauchen. Dabei geht es nicht um Pragmatismus oder Anpassung an den Zeitgeist. Manchmal sind für die Praxis schwierige Entscheidungen zu treffen. Wenn aber eine Gemeinde die Praxis überhaupt nicht sieht und hört, dann bleiben ihre Lehren und Entscheidungen abstrakt und ohne Leben.

Auch die Pragmatiker dürfen in der Gemeinde nicht dominieren. Dann läuft diese Gefahr, mehr auf kulturelle Relevanz oder Anpassung zu setzen als auf das Wort Gottes selbst. Es kann durchaus sinnvoll sein, dass eine Gemeinde sich gegen eine kulturelle Anpassung in bestimmten Bereichen entscheidet. Wo aber beispielsweise kulturelle Elemente der Gemeinde Menschen im Weg stehen, die deshalb das Evangelium nicht erkennen können, muss man ernsthaft überlegen, ob das wirklich nötig ist.

Ein sehr heftiges Beispiel dafür ist die Auffassung mancher Christen, man könne und müsse sogar sein Kind körperlich züchtigen, weil ja Salomo in den Sprüchen dazu auffordere[81]. Das ist nicht nur eine einseitige und meines Erachtens unnötige Interpretation der Weisheitslehren von Salomo, sondern steht in der heutigen Kultur massiv gegen alles, was Menschen für wichtig und richtig halten. Wer seine Kinder schlägt, tut damit nicht nur Unrecht, verletzt damit auch nicht nur deutsche Gesetze, sondern hält Menschen davon ab, der Botschaft des Evangeliums Glauben zu schenken. Der Blick auf die Praxis würde helfen, zu sehen, dass es keinen Grund gibt, aus der Bibel den Zwang zur körperlichen Züchtigung von Kindern zu lesen.

Berücksichtigung der Gemeinschaft

Schließlich folgt die gemeinsame Diskussion. Hier werden Argumente abgewogen und geprüft. Hier wird aufeinander gehört und die Position des anderen zu verstehen gesucht. Mein möglicherweise einseitiger Ansatz und meine mit Sicherheit subjektive Meinung haben hier die Chance, vielseitiger und objektiver zu werden. Aber auch die Gemeinschaft darf in der Gemeinde nicht dominieren. Wenn Entscheidungen über „demokratische" Abstimmungen beschlossen werden, dann ist die Wahrheit gefährdet. Außerdem unterdrückt ein solches Verfahren die Minderheiten und schafft das Potential für Gemeindespaltung, wenn irgendwann diejenigen gehen, die ständig überstimmt werden. Wahrheiten der Bibel für die Gemeinde können nicht über demokratische Abstimmungsverfahren entschieden wer-

[81] Zum Beispiel Sprüche 13,24

den. Wenn es länger dauert, bis die Gemeinde eine gemeinsame Position findet, die möglichst alle Gemeindeglieder mit gutem Gewissen mittragen können, dann muss man sich diese Zeit auch lassen. Eile und Druck sind hier fehl am Platz. Natürlich kann es sein, dass eine Gemeinde nicht bis zur letzten Person jeden für eine Position gewinnt. Wenn es aber nicht nur um Personen, sondern schon ganze „Flügel" geht, dann sollte man sich auf jeden Fall die Zeit nehmen, zueinander zu finden.

Die folgende Grafik zeigt zusammengefasst noch mal die Problemstellung, die auftaucht, wenn nur ein oder zwei der vier Schritte gegangen werden:

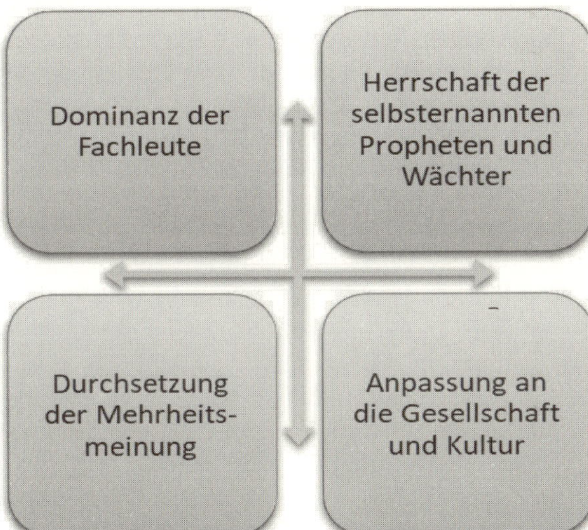

Die Kunst ist also, die vier Schritte zusammenzuhalten: Gottes Wort, Gebet, Gespräch in der Gemeinschaft, Mission. Dabei kann es durchaus sein, dass man manche Schritte mehrmals gehen muss. Klärung braucht unter Umständen viel Zeit. Die Einheit der Gemeinde sollte uns aber diese Zeit wert sein. Gott liegt sie sehr am Herzen, und bei manchen Fragen der Gemeinden habe ich den Eindruck, dass das Ziel Gottes mit der Gemeinde nicht unbedingt eine hundertprozentig exakte Auffassung von Bibeltexten ist, sondern eine herzliche

Einheit im Verstehen und Leben der Schrift. Was am Ende die Gemeinde zusammenhält, ist nicht die perfekte Antwort auf jede erdenkliche Frage, sondern der Friede, den der Geist schenkt:

Keiner soll sich über den anderen erheben. Seid vielmehr allen gegenüber freundlich und geduldig und geht nachsichtig und liebevoll miteinander um. Setzt alles daran, die Einheit zu bewahren, die Gottes Geist euch geschenkt hat; sein Frieden ist das Band, das euch zusammenhält. (Epheser 4,2-3; NGÜ)

Als Leitfaden nach diesen vier Schritten für die Klärung der Aufgabenverteilung zwischen Mann und Frau können folgende Fragen dienen:

1. Welche Wirkung hat unsere Entscheidung nach innen, zur Gemeinde hin? Das ist die Frage zum Quadranten „Gemeinde". Mit dieser Frage sind vor allem Menschen mit Hirten-Begabung beschäftigt, denen der Zusammenhalt und die Harmonie in der Gemeinde wichtig sind.

2. Welche Wirkung hat unsere Entscheidung nach außen, zu den Menschen hin, die wir mit dem Evangelium erreichen wollen? Das ist die Frage zum Quadranten „Mission". Mit dieser Frage sind vor allem Menschen mit Evangelisten-Begabung beschäftigt, denen der missionarische Auftrag und die Rettung der Verlorenen wichtig sind.

3. Welche Erkenntnisse gewinnen wir aus der Bibel? Das ist die Frage zum Quadranten „Auslegung" hin. Mit dieser Frage sind vor allem Menschen mit Lehrer-Begabung beschäftigt, denen die Bibel als Grundlage der Gemeinde wichtig ist.

4. Welche Erkenntnisse gewinnen wir durch den Heiligen Geist? Das ist die Frage zum Quadranten „Gebet" hin. Mit dieser Frage sind vor allem Menschen mit Propheten-Begabung beschäftigt, denen das offene und ehrliche Hinhören im Gebet wichtig ist.

Diese vier Schritte sind kein „sicheres Rezept", mit dem man auf jeden Fall zum „Erfolg" oder zur Einigung kommt. Sie sind das Vorbild der ersten Christen, die so eine wichtige Entscheidung für die Einheit der Gemeinde treffen konnten.

Dieses Buch ist nicht der Weisheit letzter Schluss, sondern Stückwerk (1 Korinther 13,9-12). Es ist nicht als die beste und für immer gültige Antwort gedacht, sondern als Hilfestellung, um in der Gemeinde einen Weg zu finden, auf dem Gott verherrlicht und Menschen gesegnet werden.

Wenn ein Leser jetzt enttäuscht ist, dass am Ende nicht die eine, exakte Lösung kommt, sondern der Auftrag an die Gemeinde, mit Hilfe der Bibel und im Gebet und Gespräch miteinander einen Weg zu finden, den jeder guten Gewissens mitgehen kann, dann ist diese Enttäuschung heilsam. Gottes Wort, die Bibel, ist kein Mathematikbuch. Sie sprach und spricht ins Leben und muss dort hinein immer wieder übersetzt und von Kultur zu Kultur neu verstanden werden. Gottes Wesen und Art ist es, dass er nicht Teil unserer Welt ist, aber in unsere Welt hineinkommt. Dabei kommt er auch in unsere Sprache und Kultur hinein. Jesus kam nicht als überkulturelles Wesen, sondern als Kind jüdischer Eltern. Er lernte ihre Sprache und lebte ihre Gebräuche. Mitten in unserer Welt war er Gottes Botschaft und Rettung für unsere Welt. Dieses Wesen Gottes gilt auch für die Bibel: Sie kommt in unsere Kultur und Sprache. Sie ist ganz Gottes Wort und gleichzeitig ganz für diese Welt, in der wir leben. Die Arbeit, die Bibel in unsere Zeit, Situation und Kultur zu übersetzen, wird nicht enden und kann der Gemeinde auch nicht abgenommen werden. Wichtig ist dabei, das Ziel nicht aus den Augen zu verlieren:

Dieses Buch soll helfen, dass Gottes Segen fließen kann. Und diesen Segen gibt es nur gemeinsam, als Mann und Frau, wie Gott es von der ersten Seite der Bibel an bestimmt hat.

Literatur

Baum, D. Armin 2014. ***Paul's conflicting statements on female public speaking (1 Cor 11,5) and silence (1 Cor 14,34-35).*** In Tyndale Bulletin 65.2

Bischof-Köhler, Doris 2011. *Von Natur aus anders. Die Psychologie der Geschlechterunterschiede.* Kohlhammer [4. Auflage]

Blindert, Ute. *Allein unter Männern. Erste Hilfe für die Kommunikation.* https://www.businessladys.de/allein-unter-maennern-erste-hilfe-fuer-die-kommunikation/ 22.07.2018

Blomberg, Craig L. 2006. *Neither Hierarchicalist Nor Egalitarian: Gender Roles in Paul.* In: Porter, S. E. (Hrsg.) 2006. *Paul and His Theology.* Pauline Studies 3. Brill

Brizendine, Louann 2010. *Das männliche Gehirn. Warum Männer anders sind als Frauen.* Hoffmann und Campe

Cohn, Marcus. *Erstgeburtsrecht.* In *Jüdisches Lexikon* 1927-1930. http://www.juedisches-recht.de/lex_fam_erstgeburtsrecht.php/ 24.07.2018

Danvers Statement. https://cbmw.org/uncategorized/the-danvers-statement-german/ 03.08.2018

Eia, Harald. *Aus für Gender.* http://agensev.de/agens-meint/aus-fur-gender-mit-updates/ 31.03.2014

Fee, Gordon 1987. *The first epistle to the Corinthians.* Eerdmans.

Frauen als Chef haben es in flacheren Hierarchien leichter. https://www.haufe.de/unternehmensfuehrung/recht-personal/frauen-als-chef-haben-es-in-flachen-hierarchien-leichter_56_303514.html/ 22.07.2018

Frauen im Alten Rom. https://de.wikipedia.org/wiki/Frauen_im_Alten_Rom/ 07.08.2015

Gender Mainstreaming. https://de.wikipedia.org/wiki/Gender-Mainstreaming/ 22.07.2018

Haslebacher, Christian 2016. *Yes she can! Die Rolle der Frau in der Gemeinde. Ein bibelfestes Plädoyer.* Fontis & Chrischona

Heilmann, Jan/Wick, Peter. *Mahl/Mahlzeit (NT).* https://www.bibelwissenschaft.de/wibilex/das-bibellexikon/lexikon/sachwort/anzeigen/details/mahl-mahlzeit-nt/ch/f423ab28f0f1e82f782e9341ad771fdf/ 12.08.2016
Hetären. https://de.wikipedia.org/wiki/Hetäre/ 28.09.2018

Keel, Othmar 1992. *Das Hohelied.* Zürcher Bibelkommentare. Altes Testament, Band 18. TVZ

Kuen, Alfred 1997. *Die Frau in der Gemeinde.* Brockhaus

Lindörfer, Cordula 2011. *Das Selbstverständnis der ostdeutschen Frau in der Brüderbewegung in Mission und Gesellschaft.* http://uir.unisa.ac.za/bitstream/handle/10500/4949/dissertation_lindorfer_c.pdf?sequence=1/ 04.09.2014

Luther, Martin 1544. *Eine kurze Vermahnung an die Eheleute.* Doktor Martin Luthers Haus-Postille nach der Wittenberger Ausgabe vom Jahre 1544

Mario Barth. https://de.wikipedia.org/wiki/Mario_Barth/ 22.07.2018

Neuer, Werner 1993. *Mann und Frau in christlicher Sicht.* TVG Brunnen

Paletschek, Sylvia 2018. *Kinder, Küche, Kirche.* https://freidok.uni-freiburg.de/fedora/objects/freidok:4725/datastreams/FILE1/content/ 18.11.2017

Schmalenbach, Hanna M. 2007. *Frau sein zur Ehre Gottes. Im Kontext verschiedener Kulturen.* Francke Verlag

Schmoll, Heike 2014. *Das gute Recht der Eltern.* In: FAZ-Net vom 11.11.2014

Schnabel, Eckhard 2006. *Der erste Brief des Paulus an die Korinther.* Brockhaus

Soldt, Rüdiger 2014. *Angst vor Pornographisierung der Schule.* In: FAZ-Net vom 11.11.2014

Späth, Andreas (Hrsg.)/Spreng, Manfred/Seubert, Harald 2011. *Vergewaltigung der menschlichen Identität. Über die Irrtümer der Gender-Ideologie.* Logos Editions

Stillen. https://de.wikipedia.org/wiki/Stillen/ 22.07.2018

Women in Christianity. https://en.wikipedia.org/wiki/Women_in_Christianity/ 22.07.2018

Zastrow, Volker 2006. *Politische Geschlechtsumwandlung.* Manuscriptum

Neuenhausen, Ulrich

Das Abendmahl

Wie kann man das Abendmahl heute lebendig feiern und wie haben es die Christen im ersten Jahrhundert gefeiert? Zwischen diesen beiden Fragen bewegen sich viele Gemeinden. Was ist biblisch und was ist zeitgemäß? Viele wagen nicht, auch nur eine Kleinigkeit an der traditionellen äußeren Form der Mahlfeier zu ändern. Andere bleiben einfach weg. Dieses Buch, das sich an die Vorträge von Alexander Strauch und Ulrich Neuenhausen bei der Wiedenester Gemeindetagung 2012 anlehnt, stellt die biblischen Inhalte des Abendmahls deutlich heraus. Die äußeren Formen können im Rahmen des biblischen Befundes neu entdeckt werden.

70 S. | Pb. | 13,5 x 20,5 cm
Best.-Nr.: 449.571 | € 5,95

Neuenhausen, Ulrich

Die Offenbarung – Das Buch, das glücklich macht

Die Offenbarung als Ermutigung und Trost – Neuenhausen zeigt überraschende Zugänge zum letzten Buch der Bibel, die jenseits von Endzeitsystemen am biblischen Text entlang gehen, um aufzuzeigen, wie sich die Offenbarung selbst verstanden wissen will.

201 S. | Gb. | 13,5 x 20,5 cm
Best.-Nr.: 449.577 | € 16,95

Neuenhausen, Ulrich (Hg.)

Tabuthema Hölle

Die Beiträge dieses Buches gehen auf eine Gemeindetagung zum Thema „Himmel & Hölle“ bei Forum Wiedenest in Bergneustadt zurück. Nachdem auch in evangelikalen Gemeinden die Existenz der Hölle als zunehmend unvereinbar mit modernem Denken und heutigen Werten empfunden wird, wollten wir der Frage, was die Bibel mit Hölle meint und ob und warum es ein solches Konzept von Hölle überhaupt geben muss, noch einmal näher auf den Grund gehen. Mit einfühlsamen und gründlichen Artikeln wurden schmerzhafte Fragen, denen wir oft lieber ausweichen, angepackt und hilfreiche Lösungswege gewiesen.

135 S. | Pb. | 13,5 x 20,5 cm
Best.-Nr.: 449.581 | € 11,95

Gerd Goldmann

Was Gemeinden heute brauchen

Handbuch für Gemeindeleitungen und engagierte Mitarbeiter

Gerd Goldmann ist überzeugt: „Die Gemeinde ist das Wertvollste, was der allmächtige Gott im Universum besitzt.“ Daher ist es ihm ein Anliegen, genau hinzusehen, um zu verstehen, was Gemeinden heute brauchen, um gesund und stark zu blieben und um ihren herrlichen Auftrag in dieser Welt zu erfüllen. Dieses Buch ist ein umfassendes Kompendium über den geistlichen Stoffwechsel der Gemeinde Jesu im 21. Jahrhundert und als solches eine ermutigende Inspiration und eine praktische Hilfestellung für all diejenigen, die die Gemeinde Gottes heute blühen sehen möchten.

278 S. | Gb. | 13,5 x 20,5 cm |
Best.-Nr.: 449.541 | 14,95 €